Antonia Braz

Um novo amanhecer na luta contra o câncer

Copyright© 2016 by Literare Books International
Todos os direitos desta edição são reservados à Literare Books International.

Presidente:
Mauricio Sita

Capa:
David Guimarães

Diagramação e projeto gráfico:
David Guimarães

Preparação artística:
Edilson Menezes

revisão:
Débora Tamayose

Gerente de projetos:
Gleide Santos

Diretora de operações:
Alessandra Ksenhuck

Diretora executiva:
Julyana Rosa

Relacionamento com o cliente:
Claudia Pires

Impressão:
Rotermund

Dados Internacionais de Catalogação na Publicação (CIP)
(Câmara Brasileira do Livro, SP, Brasil)

Braz, Antonia
  Um novo amanhecer na luta contra o câncer /
Antonia Braz. -- São Paulo : Literare Books
International, 2016.

  ISBN 978-85-9455-002-6

  1. Autoajuda 2. Autoajuda - Técnicas 3. Câncer
- Doentes - Biografia 4. Câncer - Tratamento
5. Mendonça, Cidinha 6. Superação - Histórias de vida
I. Título.

16-06545   CDD-616.994092

Índices para catálogo sistemático:

1. Câncer : Histórias de vida : Biografia
   616.994092

Literare Books International
Rua Antônio Augusto Covello, 472 – Vila Mariana – São Paulo, SP
CEP 01550-060
Fone/fax: (0**11) 2659-0968
site: www.literarebooks.com.br
e-mail: literare@literarebooks.com.br

Antonia Braz

Um novo amanhecer na luta contra o câncer

Sumário

Apresentação — 7
Um pouco de Cidinha — 9
Agradecimentos — 15
Viva o oxigênio que invade o nariz e faz a gente ser feliz — 19
Avancem sem medo para as águas mais profundas — 25
A vida é uma viagem além de hoje e amanhã — 33
Fé e alegria, recursos diários para manter-se firme — 41
A voz que pode nos ajudar se esconde no silêncio da fé — 47
A escolha é nossa — 53
Quem é pobre e quem é rico? — 57
A receita do bom combate contra o assédio do câncer — 63
Quando um cego guia o outro, ambos cairão no buraco — 69
Como lidei com uma das piores fases do câncer: a notícia — 75
O perdão e o acolhimento como elementos de cura — 83
O poder dos bons relacionamentos e da fé — 91
O sublime analgésico do corpo e da alma — 99
O que fazer quando encontramos pessoas cheias de má vontade? — 107
O sorriso de Tião — 113
A importância do carisma feminino — 121
Ninguém é tão pobre que não tenha o que dar nem tão rico que não precise de ajuda — 127
O poder conciliador e libertador da verdade — 133
O poder da família para sobrepor o ciúme em nome da harmonia social — 139
A beleza da simplicidade — 143
Os soldados do amor podem vencer os soldados do câncer — 149
Depoimentos — 155

Apresentação

Neste livro estão reunidos momentos detalhados da experiência de Cidinha Mendonça enquanto enfrentava a batalha contra o câncer.

Imbativelmente, ela lutou por quase 16 anos sem desanimar. Serviu como exemplo de garra e disposição para muita gente. Temos certeza de que nestas páginas os leitores encontrarão inspiração, fé e determinação para enfrentar o câncer ou ajudar alguém que ama e está vivenciando esse algoz que acomete multidões no mundo inteiro.

A visão de Cidinha sobre a vida, de tão profunda, será de grande ajuda para aqueles que passam pela mesma luta travada por ela enquanto teve forças, mas também contribuirá com todos aqueles que no decorrer da caminhada enfrentam dificuldades de outra natureza.

A obra foi alimentada pelas reflexões da autora em seu diário, que registrou fatos de sua vida cotidiana e as vivências difíceis que enfrentou.

Depois da leitura, você vai vislumbrar cada amanhecer de uma forma, no mínimo, diferente!

Equipe editorial

Um pouco de Cidinha

por Antonia Braz, irmã

Nascer já não foi fácil para a guerreira que trouxe Cidinha ao mundo. A gestação de minha mãe corria risco de ser interrompida. Ela sofria hemorragias constantes, e tudo apontava para um aborto natural. No fim, ela venceu, e Cidinha nasceu. Olhando para sua história, percebo que, desde o ventre materno, Cidinha optou por viver e nascer para testemunhar sua impressionante existência, que deixaria marcas profundas em muitas pessoas.

Como minha própria irmã Cidinha costumava dizer, teve o privilégio de nascer na zona rural do pequeno município de Álvares Machado, no interior paulista, fundado pelo próprio Álvares na época em que o lugar era conhecido apenas por "brejão". Filha de lavradores numa prole de sete irmãos, seus primeiros passos da doce infância foram pelos campos verdejantes, apreciando as cachoeiras, a mata, os riachos, as plantações frutíferas e tudo que a natureza oferecia ao singelo sítio familiar e aos que visitavam nossa família.

Cidinha iniciou seus estudos ali mesmo, na escola rural, e no ano seguinte nosso pai realizou o sonho de levar os filhos para estudar na cidade. Então, nós nos mudamos para Presidente Prudente. Um ano depois, sofremos irreparável perda. Um terrível acidente de ônibus levou nosso pai, que tanto esforço fizera para que estudássemos em um lugar melhor.

O tempo passou e varreu a dor da perda. Já adulta, em 1989, Cidinha conheceu João, aquele que seria sua maior referência de amor e cumplicidade. Começaram a namorar e dois anos depois se casaram. João trazia um filho de seu relacionamento anterior, Wesley. Da nova união de amor e cumplicidade nasceu Letícia, e também acolheram como filho um sobrinho que veio do Japão morar com eles e completar a família.

Depois de sete anos de felicidade, pelo autoexame, Cidinha percebeu o crescimento de um nódulo na mama esquerda. O especialista que lhe atendeu imediatamente solicitou a biópsia, um exame mais minucioso que constata se o tecido da amostra coletada é inofensivo ou cancerígeno.

Em agosto de 1998, minha irmã recebeu a mais dura notícia que um ser humano pode receber. Estava com câncer de mama.

A doença ainda estava em fase inicial, e o nódulo era bem pequeno, mas assustava. Tudo o que viria, do tratamento aos efeitos e possíveis resultados, era totalmente desconhecido. Não conhecíamos ninguém que enfrentara aquela situação.

Por aqueles dias, minha irmã pensava no esposo e nas três crianças que tinham sob comum responsabilidade. A caçula não tinha nem completado 4 anos, e Cidinha ficava imaginando quanto cada membro daquela amorosa família precisava dela.

Com a fé inabalável, sua meta de vida passou a ganhar

cada dia mais força, porque sentia que precisava cumprir com honra a sua missão. Seu maior desejo era acompanhar o crescimento dos filhos, vê-los crescidos e independentes.

Após a descoberta da doença, fez todo o tratamento, submeteu-se à cirurgia necessária e existente na época. A doença teve reincidências, mas Cidinha seguiu firme e fez tudo que era possível em busca da cura. Uma década passou. Em 2008, o câncer espalhou-se, e as metástases atingiram todos os ossos do corpo, causando-lhe dores incessantes.

Em 2010, a metástase atingiu o pulmão. Novos exames revelaram a existência de outros nódulos com tamanhos diversos. Falta de ar. Cansaço. Tosse seca. Os sintomas variavam, mas não cediam. Nessa época, um nódulo pulmonar atingiu o nervo da prega vocal esquerda, inibindo o som da voz e dificultando a ingestão de alimentos.

Como irmã da protagonista desta obra, permita-me dizer algo: talvez, lendo esses detalhes, você esteja pensando que Cidinha fraquejou. Sabe o que ela costumava dizer?

— Cada dia que eu vivo tem sido uma grande vitória, com superação e alegria de viver!

Antes do câncer, ela sempre sonhava que um dia, após a aposentadoria, deixaria de trabalhar para curtir mais a família, empreender viagens e passeios. Depois do câncer, esse sonho, em tese, não faria mais parte de sua realidade, mas o fato é que Cidinha nunca deixou de sonhar, nem mesmo nas piores circunstâncias.

As complicações afastaram-na do trabalho, mas, se ela sentiu algum medo, foi das repentinas mudanças na rotina. Era uma mulher engajada e ativa na vida de sua comunidade, mas precisou diminuir os compromissos sociais, que deram lugar à rotina do tratamento, desde as medicações e as visitas ao médico até as eventuais internações.

Em vez de se lamentar, encontrou mais tempo para ler e meditar sobre toda a sua trajetória de vida. Começou a compartilhar suas experiências vividas com o câncer na rede social, sempre meditando e buscando iluminação em sua fé. Aos poucos, Cidinha foi notando que as pessoas gostavam, identificavam-se e passavam a lhe enviar mensagens de agradecimento pela ajuda que estavam recebendo, enquanto outros pediam que ela fosse ainda mais longe e escrevesse um livro.

Cidinha gostou da ideia. Passou a amadurecê-la, selecionando alguns textos que entendia ser importantes para compor este livro.

Não sei qual é o momento que você está vivendo nesta fase da vida, talvez uma fase de muitas conquistas, quem sabe um momento confuso, de tristeza, a perda de alguém querido ou até mesmo uma doença. Seja qual for a situação em que se encontre, saiba que Cidinha procurou reunir neste livro fatos de toda a sua história de vida, relatando experiências pessoais, sociais e comunitária, além de toda a sua luta contra o câncer. De algum modo, tenho certeza de que vai ajudar você a refletir com mais clareza.

Todo o conteúdo deste livro foi escrito com muito carinho, extrema simplicidade e o propósito nobre de inspirar a sua vida para que lute por ela com o mesmo empenho que Cidinha lutou.

Enquanto ela tinha no mínimo um suspiro de vida, seguiu lutando. Você, que está lendo a obra na plenitude de sua saúde, também é capaz de lutar. E você, que lê este conteúdo e luta contra alguma adversidade, pense que todo dia ainda tem recebido a dádiva de um novo amanhecer, aliás, hoje mesmo recebeu. Portanto, lute!

Faça melhor que isso. Embarque na leitura e permita

que a própria Cidinha o ajude neste processo de inspiração. A partir daqui, será a narrativa de Cidinha, e não mais na terceira pessoa.

Cidinha tinha o hábito de costurar corações de tecido, os quais eram entregues, leito a leito, quando fazia visitas dentro ou fora do hospital. Agora que ela não está mais conosco, tenho certeza de que este livro representa mais um coração por ela tecido.

Um novo amanhecer na luta contra o câncer há de trazer luz e amor aos dias escuros e sem esperança. Que assim seja!

Agradecimentos

por Antonia Braz, irmã

Quando somos presenteados com mais um amanhecer, devemos elevar nossa gratidão pela oportunidade de contemplar a beleza da criação e por todas as bênçãos derramadas sobre nossa vida. Isso não pode ser circunstancial. Deve ser um sentimento diário.

Quantas vezes deparamos com a ingratidão de outras pessoas?

E nós, quantas vezes agimos com ingratidão ao ignorar que uma nova vida é concedida a cada amanhecer?

Temos liberdade de escolha para trilhar os próprios caminhos e, muitas vezes, desconsideramos essa oportunidade diária, ou seja, optamos por viver "de qualquer jeito".

Já ouvi dizer que toda pessoa ingrata é infeliz e penso que faz sentido. É preciso viver em reciprocidade: recebe-se o dom da vida e retribui-se com gratidão. E como é bom ter a chance de dizer muito obrigado...

Completei quase 16 anos de tratamento na luta contra o câncer e, por falar em gratidão, vejo que tenho muito a agradecer por tantas pessoas que Deus colocou em minha vida de modo especial. Agradeço ao meu oncologista, Dr.

Luiz Bugalho, que foi mais que um médico nessa jornada, sempre amigo e companheiro. Durante todo esse tempo, foram muitos os momentos em que caí e precisei de muita força para levantar. Eu lembro que nos momentos de muito desconforto, completamente sem forças, sua poderosa voz aproximava-se de meu leito e dizia:

— Ânimo, Cidinha, você já saiu de situações piores!

Via-me muito cansada, mas suas palavras soavam como um empurrão para eu não desistir. Sempre rezei para que ele tenha muita saúde e possa viver muitos anos para continuar levando vida e esperança a todos que sofrem com o câncer.

Agradeço à equipe de atendimento, às funcionárias que trabalham no Centro Paulista de Oncologia (CPO), onde sempre encontrei um sorriso no rosto e enorme carinho com os pacientes. Como isso é importante para quem sofre...

Agradeço aos profissionais da saúde, de modo especial a todos os funcionários do Hospital Nossa Senhora das Graças, que sempre me acolheram com muito apreço e dedicação. São amizades que fiz e carrego com muito carinho no coração.

Agradeço à comunidade que me acolhe e a todos que rezam e torcem por mim. Agradeço aos bons amigos que a vida me deu, por toda a força que recebo e por todas as pessoas que conheci nessa jornada da luta contra a doença que vai nos roubando a vida pouco a pouco.

> Contra a doença que tenta vencer a batalha final, as melhores armas são o amor e as boas amizades que geram vida e servem de escudo!

Minha gratidão a todos aqueles com quem tive a oportunidade de conviver no Grupo Oliveira, empresa para a qual dediquei muitos anos de minha vida. Fiz amigos especiais nessa caminhada profissional. Agradeço ao Sr. Ricardo Oliveira, meu patrão, que também lutou contra o câncer e mostrou-se sempre um grande amigo. Mesmo quando estive afastada do trabalho, ele permaneceu muito presente em minha vida.

Agradeço a cada membro de minha família, aos meus pais, pela simplicidade com a qual nos criaram, aos irmãos e às irmãs que ensinaram como é bom conviver e partilhar a vida de modo simples.

Agradeço a meu amado esposo João, um verdadeiro herói nessa jornada, pela família que temos, pelo lar abençoado que construímos juntos e pela presença rica de nossos filhos que tanto amamos.

Agradeço a Deus por este momento em que me permite meditar e escrever para inspirar a vida de outras pessoas, tornando a minha caminhada, dessa maneira, mais bonita e alegre.

Agradeço a todos com quem tive contato virtual. Isso me fez um bem danado e permitiu estar em contato com inúmeras pessoas especiais em minha vida. Aprendi que o dia de amanhã será sempre muito incerto, então viver cada fase com plenitude exige nossa habilidade de partilhar.

Aprendi, e sou grata por isso, que para ser feliz basta contemplar a natureza com carinho, amar ao próximo e fazer o bem. Tudo isso inunda nosso ser de paz e alegria!

Aprendi, e sou grata por isso, que a perfeição não existe, mas é gratificante aceitar o que é imperfeito, consentindo aquilo que muda nossos planos.

Aprendi, e sou grata por isso, que nem sempre serei compreendida, mas é importante refletir essa incompreensão para alcançar sabedoria de vida.

Aprendi, e sou grata por isso, quão poderoso e importante é o perdão para nossa felicidade, partilhando o que temos e o que somos.

Aprendi, e sou grata por isso, como é necessário cuidar da família e de todos os amigos que a vida nos empresta.

Que as nossas atitudes do dia a dia revelem a beleza da gratidão pela presença de cada pessoa colocada em nossa existência.

Que sejamos gratos e felizes por tudo o que temos e somos, mesmo que ainda nos falte muita coisa, pois a gratidão é o primeiro passo para alcançar o que se deseja.

Amanhecer 1

Viva o oxigênio que invade o nariz e faz a gente ser feliz

Viva o oxigênio que invade o nariz e faz a gente ser feliz

Capítulo 1

Nossa vida passa por momentos tranquilos e outros mais agitados. É e sempre será assim. Como se faz importante ter a prática de acordar e, logo pela manhã, meditar com o coração. Quando optamos pela bondade, o centro de nossa vida elimina qualquer tristeza e, com a fé do nosso lado, no momento certo, esses momentos vão se equilibrando.

O câncer determina um protagonista, que é sua vítima, mas é também muito cruel com a família de quem luta contra a doença. As dificuldades vivenciadas por cada uma das pessoas do convívio, incluindo amigos e familiares, são incontáveis, e a maior delas é quando percebem a fragilidade da vida de uma pessoa que é vítima da doença. Entretanto, mesmo sofrendo, a família sempre encontra forças para apoiar. No meu caso, meu coração muitas vezes esteve apagado, sem graça, sem vontade para nada, e precisava continuar caminhando, mesmo que sem vontade. Eu precisava continuar respirando, mesmo que estivesse muito cansada, e não foram poucas as ocasiões nas quais a família me inspirava.

Lembro-me de que o ano de 2012 foi bem difícil para o quadro pulmonar. Costumo dizer que nesse ano fiquei 292 dias internada, e não é exagero. O hospital passou a ser uma extensão da minha casa; o leito, uma extensão do meu quarto. De tão assíduas que eram as visitas, o plano de saúde chegou a enviar um auditor ao hospital para saber se era eu mesma que ainda estava ali.

Houve um longo período em que eu estava completamente sem disposição física. Mesmo assim, pedi ao médico que solicitasse a fisioterapia pulmonar. Imagine como era difícil, às 7 horas da manhã, já tinha à minha frente a fisioterapeuta para ajudar com os exercícios. Eu ainda estava em jejum e nem tinha saído da cama, mas sabia quanto precisava daquele momento para minha recuperação. Precisava da ajuda dessa profissional para conseguir me exercitar. Ela se apresentava todos os dias com um sorriso garantido e um ânimo tão contagiante que me impulsionava a fazer os exercícios, e, assim, meu pulmão foi se fortalecendo. Pouco a pouco, respirava novamente o ar que nos dá a vida. Eu dizia:

— Sopra mais, meu Deus, essa quantidade está muito pequena!

Lembro-me sempre do trecho de uma música de Kleiton & Kledir: *"Viva o oxigênio que invade o nariz e faz a gente ser feliz..."*

Viva o oxigênio que invade o nariz e faz a gente ser feliz

> O fato é que a vida apresenta muitas dificuldades quando estamos saudáveis, e, uma vez enfermos, descobrimos que as dificuldades de ontem eram simples e transponíveis. Isso significa que nosso esforço para mudar a realidade presente deve ser maior que tudo.

Mais uma vez, expresso minha enorme gratidão a todos os profissionais da saúde, incluindo hospitais, clínicas e laboratórios que passaram por minha vida e me ajudaram por meio das suas responsabilidades profissionais, mas principalmente pelo amor demonstrado e dedicado a quem sofre. Por certo, encontraremos muitas dificuldades no cotidiano, mas seres humanos como esses, que se dedicam aos semelhantes, nos fazem lembrar de que jamais estamos sozinhos.

Amanhecer 2

Avancem sem medo para as águas mais profundas

Capítulo 2

Todos os dias há uma reserva de felicidade que nos aguarda. Para contemplá-la, devemos prestar atenção no pequeno mundo ao redor e perceber a beleza dos gestos mais singelos que fazem nossa alegria de ver e viver a vida.

Você pode ou não ser uma pessoa apreciadora da Bíblia, mas algumas lições são inegáveis. Jesus sobe na barca com o grupo de discípulos, já cansados, após pescarem toda a noite, sem sucesso. O líder então pede aos pescadores que avancem para águas mais profundas, lançando por lá suas redes. Eles obedeceram e tiveram pesca abundante.

Muitas vezes, nós nos vemos diante de situações que parecem estagnar nossa vida, como se esta chegasse ao fim. Já não temos mais energia para mudar o rumo da situação. Alguns exemplos clássicos são: dificuldade com filhos adolescentes ou de qualquer idade, uma situação de pressão, instabilidade, dificuldade de relacionamento no trabalho, desemprego, uma fase financeira difícil diante de gastos inesperados, desgaste na vida conjugal, amorosa, ou até mesmo a morte de uma pessoa muito querida e a saudade que fica.

Tudo isso abala a estrutura e nos faz sofrer, mas a vida me ensinou algo muito precioso. Não fomos criados com tantos recursos para ficarmos parados, sem ação diante de situações difíceis. Deus nos quer agindo, vivendo como quem está vivo, fazendo nossa parte, "avançando para as águas mais profundas". Sem fé e ação, não temos força ou sabedoria para agir no momento e do jeito certo. Precisamos a todo instante dessa luz que conduz, ilumina e nunca se apaga.

O ano de 2012, como mencionei, foi muito difícil. Os constantes derrames pleurais me debilitaram em razão do exercício pulmonar, que ficou bastante comprometido. Já fizera dois procedimentos de pleurodese[1] (colagem da pleura). Estava muito cansada.

De acordo com a medicina, não havia para mim muita perspectiva de vida. Eu estava por um fio, um sopro de vida; e, se já era um desafio manter-me viva, tampouco poderia esperar por qualidade de vida.

Enquanto você lê esta obra, nem mesmo pense em sentir piedade, pois esse nunca foi meu objetivo. O que quero mesmo é apresentar lições de força e resiliência, é inspirar você para todo tipo de desafio.

Lembro-me de que era manhã de domingo. Estava deitada no leito do hospital. Ao meu lado, meu incansável esposo João. Enquanto eu pensava sobre isso e aqui-

---

1 A pleura é uma membrana que envolve a região intratorácica pulmonar.

lo, entrou no quarto o Dr. José Maurício, pneumologista, que também me acompanhava naquela fase. Foi ele quem realizou os procedimentos de pleurodese. Sentou-se calmamente ao lado da cama e falou da gravidade do caso. Após a explicação médica e científica de meu quadro, Dr. Maurício usou argumentos bem menos científicos, mais conectados com a fé e a esperança. Embora seja algo que médicos raramente dizem, ele quebrou o protocolo. Disse que eu era uma pessoa muito especial para Deus, que, quando estava no centro cirúrgico, ele via anjos em minha volta, que isso poderia ser algo muito bom, pois Deus estava cuidando de tudo, mas também foi franco e me preparou, pois poderia ser o indicativo de que a hora para seguir para a nova vida se aproximava.

Ele pegou a Bíblia que estava próxima de minha cama. Leu uma passagem. Fez uma oração por mim e por João. Ao término, aconselhou-me:

— Viva, cada dia mais, sua intimidade com Deus. Algo de muito bom vai acontecer!

Nós três nos abraçamos, rimos e choramos. Posso chamar esse momento de único. Fez com que pensássemos muito sobre o que fazer. Depois desse dia e também após a conversa com outros médicos que me acompanhavam, a posição deles era unânime. Minha perspectiva de vida estava decretada: três meses.

O que poderíamos fazer? Viver!

E não apenas viver, mas fazê-lo da melhor forma possível.

João deu início à reforma da nossa casa, um sonho nosso tantas vezes adiado por este ou aquele motivo. De minha parte, mesmo com a perspectiva sentenciada por uma junta médica, havia dedicação total ao tratamento. Eu me esforçava com as infindáveis sessões de fisioterapia. Precisei da ajuda de muita gente e, muito grata, posso dizer que jamais deixei de encontrar...

No hospital, contei com a companhia e o auxílio de minhas irmãs Luisa e Antonia, da comadre Sueli (que é como uma irmã), das sobrinhas Silvana e Analéa e de minha filha Letícia, além de meu esposo, que virou e foi um herói. João precisava trabalhar, cuidar da reforma da casa, viajar e cuidar de mim a todo momento, de perto ou de longe. E afirmo: ele deu conta do recado!

Foi um grupo nota 10 que levou a sério e colocou em prática aquilo que há nas escrituras: Visitai os enfermos, curai os doentes...

Dentre tantas adversidades, o momento mais difícil era a hora do banho. Imagine: Quantos anos você tem, 20, 30, 40, 50? Há quanto tempo, desde que deixou a infância, você toma banho sozinho?

Eu também tomava, mas naqueles dias, com pouca ou nenhuma força, precisei me acostumar com a nova realidade. Aliás, mesmo em casa, contei com o apoio de meus amados esposo e filha para os banhos. Você acha que eu enxergava essa nova realidade de maneira negativa?

Ao contrário, era um momento muito importante para nós. Não era apenas um simples banho em uma pessoa enferma. Era a doação de amor, entrega, cumplicidade, alegria e fé.

A tão sonhada reforma foi concluída em novembro de 2012, e voltamos para o novo lar. Realmente foi um momento de agradecimento a todos que me apoiaram, que se colocaram em oração. Era a hora de agradecer ao apoio dos amigos, da família, aos médicos e às enfermeiras por tantos cuidados que recebi. Sou grata a Deus por isso e quero fazer algumas perguntas para você que está lendo esta obra:

Será que, se você tivesse apenas mais três meses de vida,

olharia de maneira diferente para a sua família, para as pessoas que você mais ama, para a sua casa, para o seu trabalho?

Será que aquelas pessoas irritadas no trânsito, sempre dispostas a trocar ofensas com o semelhante por qualquer razão, mudariam o comportamento?

Tive a oportunidade divina de voltar para casa e curtir cada mudança, de apreciar o meu jardim, de receber meus amigos e de estar próxima da família. Eu jamais desisti de lutar, mas o fato é que esses pequenos prazeres multiplicam-se muito quando temos consciência de que hoje, amanhã ou depois, pode ser a última vez que os teremos.

E o mundo, seria diferente se todas as famílias se relacionassem como se fosse a última vez? Será que acabariam as brigas por motivos tolos?

E aqueles foram dias muito complicados. Tudo parecia meio insolúvel. As respostas pareciam cada vez mais difíceis. Muitas pessoas ligavam e perguntavam:

— Como a Cidinha está? A Cidinha melhorou?

Eu me perguntava sobre o que responder. Os médicos não contemplavam uma melhora significativa. Foram dias e dias de muita luta e sempre com o mesmo quadro: perdendo peso a cada dia, com muito cansaço e muita fraqueza. Mas isso era o que eu sentia na carne, porque espiritualmente estava bem melhor. Eu precisava oferecer às pessoas muito mais do que meu aspecto físico. Foi quando encontrei e adotei a resposta que mais me confortou:

— Estou me cuidando e me esforçando para ficar bem. Com a fé que tenho, o quadro vem melhorando. Hoje posso olhar para trás e ver cada conquista, mesmo que lenta. Nada cai do céu, e nossa parte precisa ser feita. O essencial é acreditar no Criador, que fortalece nossa missão!

Agradeço aos meus pais pela herança religiosa que nos

deixaram, pois naqueles momentos adversos fez toda a diferença e deu-me a certeza de que tudo sempre tem um jeito nessa vida. Seja a dificuldade que for, basta acreditar e fazer a nossa parte. O nosso olhar não pode ficar parado na dor e no problema. Deve transcender e enxergar as soluções que estão adiante. Posso até ficar triste com a situação, mas jamais serei infeliz pelo problema que preciso enfrentar. A fé inabalável deve estar conosco para nos impulsionar, pois precisamos seguir adiante.

Eu, com câncer, preciso lutar contra a dor, a doença, seus efeitos e o pessimismo. Você, saudável, também precisa lutar contra a dor e o pessimismo. No meu caso, fui acometida por uma doença grave que nunca conseguiu me derrubar emocionalmente. No seu caso, uma adversidade, uma tristeza profunda ou um problema aparentemente sem solução também não podem derrubá-lo, nem física, nem emocionalmente.

> **Lute firme, porque, se você tem saúde física, fé e disposição emocional, que problema terá força para derrubá-lo?**

Amanhecer 3

A vida é uma viagem além de hoje e amanhã

Capítulo 3

O dia amanhece, e o mundo vai acordando. Como é gostoso sentir essa imensa paz. Como é prazeroso receber a permissão de viver e sobreviver à claridade de um novo dia.

Mais um dia para amar e ter um olhar firme, comprometido com a necessidade de quem está ao nosso lado. Não sei como é para você, que tem a oportunidade de uma vida saudável, contemplar a ternura de um amanhecer. Posso afirmar que para mim está acima de uma mera oportunidade.

> O valor de um dia para quem assume a luta de manter-se viva é tão complexo para descrever que foi necessário um livro inteiro.

No final, se cada página e cada luta que travei contra o câncer ajudar você a tornar-se mais forte, não apenas contra as doenças, e sim mais forte para suportar as adversidades da vida, cada minuto que dediquei na construção deste relato terá valido a pena.

Costumo ter sonhos repetidos e nunca descobri o motivo, mas, sempre que me encontro em situação mais debilitada, sonho que estou com minha família, na praia. Hoje acordei com saudade de ver o mar novamente e pensei:

Como seria bom sentir a brisa suave e caminhar na beira da praia, mesmo que não pudesse tomar sol ou me banhar nas águas salgadas!

Então, o que fiz? Exatamente isso.

Fui até a praia. Como havia o impedimento físico da viagem, eu me vi a pensar como é maravilhoso ter boas lembranças, nossos verdadeiros tesouros, repletos de coisas boas vividas. Bastou pensar dessa maneira, e minha mente encarregou-se do restante. Levou-me a colocar os pés na areia úmida, a sentir o vigor do vento, a força do astro-rei a aquecer minha pele e o incomparável cheiro do mar.

Será que você consegue fazer uma viagem mental, diante de circunstâncias que não possa mudar? Será que você faz ideia de como é bom, nos momentos de dificuldade, parar um instante e, em vez de pensar na raiva ou na frustração, viajar para algum lugar só seu? Enquanto fazia a boa viagem mental para a praia, logo me veio à lembrança outro momento.

Em janeiro de 2009, consegui fazer uma viagem à Fazenda Beira Rio, ao norte de Mato Grosso, no município de Torixoréu. Com quase 1.500 hectares, a propriedade é contornada pelo rio Diamantino. Viajei em companhia de duas pessoas muito especiais, Ricardinho e Marcão. Lá conheci outras pessoas incríveis, como o veterinário Pedro e vários funcionários da fazenda.

A vida é uma viagem além de hoje e amanhã

Voamos quase 2 mil quilômetros até Sinop e, para concluir a viagem, percorremos longos trechos por estradas de terra. Posso dizer que essa lembrança ficará eternamente gravada nos meus tesouros da memória. A experiência aconteceu logo depois que o câncer havia afetado os ossos da coluna, da bacia, da perna direita e a clavícula. Os impactos e os sacolejos do carro causavam fortes dores, e penso que na verdade nem eu mesma pensava em viver essa viagem, mas Ricardinho me convidou e, por certo, talvez nunca tenha imaginado o tamanho do bem que me fez, não apenas pelo momento vivido, mas pelas ricas lembranças que ficaram, que de tão ricas faziam as dores insuportáveis da viagem se tornarem quase imperceptíveis.

Assim, divirto-me lembrando o que já vivi e acreditando que Deus ainda possibilitará muitos outros momentos de felicidade, que podem ser simples ou pequenos, imaginados, lembrados ou vivenciados ao vivo, mas, por certo, sempre únicos!

Na fazenda, tive oportunidade de ficar bem próxima das maravilhas e das criaturas divinas. Entre o canto dos pássaros e a rara beleza das araras, entre um passeio pelo rio e uma prazerosa pesca, entre o rústico preparo dos alimentos e as rodas de conversa, entre um susto com a cobra e uma deliciosa barra de chocolate com os amigos, cada experiência me fazia pensar em apenas duas palavras: bom demais!

Conhecendo melhor as mulheres da fazenda, percebi que tinham grande desejo e interesse pela leitura, e, assim que retornei, escolhi várias obras que, imaginei, fariam bem a elas. Após a seleção, enviei os livros à fazenda. Por telefone, contaram-me a alegria de ter acesso aos livros que tanto sonhavam ler. Estavam fazendo revezamento, para que todas as interessadas pudessem fazer a leitura, e depois conversavam sobre o conteúdo.

Eu sei que você pode imaginar quão simples pode ser isso, mas fico tão feliz ao perceber como é fácil fazer o bem para alguém...

Um sorriso no rosto pelo bem que fizemos é o melhor pagamento. De repente, uma ideia, uma frase que conste em um desses livros, e a vida dessas mulheres ganha novo gás, novo rumo. De repente, uma ideia ou uma frase nesta obra em que estou narrando minha luta, e a sua vida ganha novo gás, novo rumo...

Quem haverá de afirmar que as respostas da vida estão ocultas pelas coisas complexas? Uma vida simples e humilde talvez possa inspirar a sua, seja você quem for, tenha você o que tiver. Eu viajei para a praia. Viajei para o sítio. Viajo nestas páginas para lhe deixar o melhor de mim, com a esperança de que encontre o melhor que há em você!

O câncer é uma doença terrível, fato inegável. Mas bonito mesmo é ver e sentir que, por meio da sabedoria e da disposição, podemos deixá-lo afetar apenas o nosso físico. Eu instalei uma blindagem inviolável para que a doença jamais tocasse no que há de mais precioso em minha existência: a alma.

Assim, continuamos belos aos olhos divinos. Crescemos como seres humanos, multiplicamos pessoas e ações positivas, evangelizamos aqueles que talvez se percam pela falta de fé e realizamos atividades que produzirão o bem entre a família, a sociedade, os amigos e toda a humanidade. Tudo isso está muito além do câncer ou de qualquer problema. Essa nova visão pode começar comigo, mas não precisa acabar nunca.

Se tivéssemos mais pessoas dispostas a enxergar a vida como uma dádiva muito mais preciosa que as doenças...

A vida é uma viagem além de hoje e amanhã

Se essas mesmas pessoas jamais pensassem ou colocassem as adversidades como superiores à alma, não precisaríamos sofrer tanto enquanto sucumbimos fisicamente, pois a alma estaria fortificada. Acho que agora você entende aonde quero chegar.

Não se trata do câncer. Não se trata apenas dos problemas...

Com muita fé e apoio das pessoas que ama, você se tornará mais forte que tudo isso. Em resumo, se não houver outro jeito, a doença pode vencê-lo fisicamente, mas, assim como eu consegui, sei que você também pode proibir que ela vença seu coração e sua alma, obviamente muito maiores.

Independentemente das regras ou dos problemas, podemos viver um dia de cada vez, sem esmorecer na fé ou na autoestima, sem vacilar na fé religiosa que carregamos e sem perder a fé nos médicos que tratam nosso problema. Caso não tenha se identificado, já que está saudável, transponha para qualquer área que apresente alguma adversidade em sua vida:

> Os seus problemas, com certeza, são menores do que a força de sua alma.

Amanhecer 4

Fé e alegria, recursos diários para manter-se firme

Capítulo 4

É sempre saudável aproveitar um dia da semana para reunir a família, conviver e partilhar vivências. Igualmente sadio é investir energias físicas com coisas boas e repor essas energias no decorrer da semana. A necessidade de cada pessoa amada enche nossos dias e nossa vida de amor, pois a alegria que compartilhamos ao promover a boa convivência familiar é como um caldo de abóbora bem quentinho quando estamos sem ânimo e com frio: um verdadeiro e natural remédio.

Firme na correção, um dos mais antigos líderes da humanidade alertou que, para segui-lo, era preciso se libertar do mundo de ilusões. Perfeito em suas ações, havia um motivo para que agisse assim. Responsável e sério, não poderia permitir que seus seguidores imaginassem:

— Basta seguir o mestre, e meus problemas acabarão!

Portanto, fez questão de provar que quem pensava dessa forma estava redondamente enganado, que o sofrimento e as dificuldades não deixariam de existir pelo simples fato de segui-lo. Você já deve ter percebido que me refiro ao líder Jesus, aquele que transforma nossa vida, não para isentá-la de problemas, mas para elevá-la ao nível de maturidade em que não fugiremos das responsabilidades.

Não importa qual seja a sua fé, e você também não merece julgamento caso não tenha nenhuma fé. Permita-se apenas avaliar a proposta desse líder. Ele ensinou a abraçar com amor situações difíceis que fazem parte de nossa vida. Sugeriu que deveríamos viver com carinho e ternura diante da realidade que temos, para construir uma maturidade que levará à simplicidade no jeito de ser, e não no jeito de ter.

Na dimensão do tratamento em toda a sua abrangência, jamais entendi a maligna enfermidade que me acompanha por quase 16 anos como um castigo divino. Sempre pensei nela como a doação de minha vida à eterna e universal busca de saúde e qualidade de vida.

Não posso abandonar Cristo só porque Ele ainda não realizou a cura física!

Amadureci muito nesse período. É maravilhoso olhar para trás e ver que me libertei de apegos que nada acrescentavam a minha vida. Desculpe-me por dividir aquilo que acredito como norte religioso e ignore, caso acredite em algo diferente, mas sinto; você que acompanha essa batalha merece saber Quem inspirou tantos anos de luta contra o câncer.

Compramos a casa onde moramos...

Ah, como é doce essa lembrança que já tem mais de 16 anos!

Na janela de meu quarto, tinha um belo adesivo com o

contorno do rosto que representava Jesus, com a frase:

Eu preciso de você!

Nunca tirei de lá aquele adesivo. Foram quase 6 mil dias de luta contra o câncer. Em minhas orações, ao acordar ou ao anoitecer, olhava para aquela imagem e refletia sobre quanto Deus ainda precisava de mim, mesmo debilitada.

Por mais restrita que estivesse minha condição física, eu deveria estar atenta ao meu mundo para servi-lo. No final de 2011, com a reforma da casa, a janela foi retirada, e, no lugar dela, passamos a ter uma porta balcão. Então, guardei o adesivo. Algum tempo depois, encomendei uma camiseta com a mesma imagem e frase contida nele: Eu preciso de você!, que representa muito em minha vida. Jamais esquecerei. Sempre que me sentia muito cansada, com vontade de entregar os pontos, bastava olhar para Ele e já pensava:

O que posso fazer na condição que estou?

Por meio da experiência dolorosa que vivia, senti que precisava ajudar a Deus, que me criou, e prestar ajuda ao meu próximo, que também sofre de alguma maneira. É como disse Clarice Lispector, ao eternizar um dos maiores pensamentos de todos os tempos sobre o valor da amizade:

Um amigo me chamou para cuidar da dor dele, guardei a minha no bolso, e fui.

Já me vi a refletir como seria o mundo se mais pessoas entendessem quanto muda a nossa vida quando abraçamos com ternura os embaraços físicos e mentais de quem amarga um dissabor. Cuidar, ouvir, permanecer junto aos que sofrem e amenizar o sofrimento alheio é um gesto simples que fortalece a caminhada terrena.

Ainda muito jovem, escutei que jamais poderia brincar com minha salvação, e, por algum motivo, levei essa orientação como regra de vida. A intensa luta de quase 16 anos no tratamento contra o câncer contrariou a medicina. Enquanto escrevo este trecho do livro, encontro-me com 45 anos e, em tese, deveria ter sucumbido há bastante tempo.

Quando perguntam como me sinto, a resposta é: Deus permite que alguns de seus filhos passem por longas situações de desafio, porque o propósito é maior que qualquer sofrimento. Determinada frase deste livro pode não significar nada para você, mas pode mudar o estado de espírito de um doente terminal e, quem sabe, pode até fazer com que uma pessoa disposta a dar cabo da própria vida desista. Simples assim. Quem haverá de saber? Eu? Você?

Não fui abandonada, nem por Deus, tampouco pela família ou por amigos. Sigo amando, vivendo, com equilíbrio para encarar o que for preciso. Constato que, mesmo diante das limitações físicas, o que consigo fazer é sempre um prazer, e não um sacrifício.

A fé, o apoio, a torcida dos familiares e dos amigos. Eu existo até aqui por tudo isso e todos eles!

> **Meu corpo está cada dia mais aquebrantado, mas a alma, cada dia mais fortalecida. Quanto mais a doença tenta me derrubar fisicamente, maior é a força espiritual que me suplanta.**

Amanhecer 5

A voz que pode nos ajudar se esconde no silêncio da fé

A voz que pode nos ajudar se esconde no silêncio da fé

Capítulo 5

Como é bom contemplar uma nova oportunidade a cada amanhecer. Acordar, ver a luz do dia irromper, sentir a paz que abençoa e presenteia nosso dia.

A doença, cada vez mais impiedosa, parecia sugar minhas forças, mas nunca conseguia tirar de mim a maneira harmônica e poética de contemplar mais um dia. Desejo que essa mesma paz tome conta de seus pensamentos, seus sentimentos e suas ações!

A expressão vida eterna é muito mais que uma metáfora. É a chance que temos de jamais assumir postura silenciosa ou amedrontada diante de tudo o que gera a morte. Os olhos e o coração não devem estar focados na morte, seja ela iminente, seja distante, mas na vida, no lar e no trabalho. Merecemos observar quais regras, vícios, manias sem sentido nos tiram a beleza de viver e roubam nossa qualidade de vida.

Dediquei muito esforço, muita fé e consciência para mostrar algo aos que convivem comigo. Podemos ser reflexos positivos e iluminados por meio dos gestos de amor e gratidão ao próximo. Somos capazes de ser o sal que dá sabor à vida quando tudo parece amargo, porque, ao temperar nossa existência, o exercício da paciência possibilita lidar com dificuldades e discernir sobre a melhor atitude a ser tomada em qualquer situação. O meu problema você já sabe qual é. E o seu?

Rompimento?
Drogas?
Desemprego?
Falta de fé?
Problemas na saúde?
Desânimo?
Emprego que não faz você feliz?

Saber que somos capazes de produzir bons frutos e resolver impasses não é só uma expressão bonita. É uma filosofia de vida!

Vários homens e mulheres têm dificuldade para lidar com o sofrimento e a resiliência. Querem tudo muito rápido e fácil. No caso de enfermidade, pensam que a cura precisa acontecer como mágica, mas nem sempre é assim. Às vezes, cinco passos são necessários.

- Fé
- Esforço pessoal
- Autoestima
- Vontade de vencer
- Coragem para não ceder

A doença é um processo que vai além da pessoa enferma. Ela testa a fé e a resistência de médicos, enfermeiras, companheiros de tratamento, familiares e muitos outros do

A voz que pode nos ajudar se esconde no silêncio da fé

convívio. A forma prática que aprendi para lidar com o sofrimento deixa todos surpresos, porém sempre motivados.

A maneira de lidar com o câncer, de fato, é sempre um desafio, mas sem dúvida a educação que recebi de meus pais e a vida simples que tivemos, desfrutando o que a natureza tem a oferecer gratuitamente, me ajudaram muito na luta por cada amanhecer.

A modernidade será sempre bem-vinda, mas não podemos ser escravos da vida moderna.

Vejo a importância de estarmos atentos. Caso contrário, podemos perder muita coisa por falta de tempo para desfrutar as maravilhas divinas.

Quando o barulho e o estresse são intensos, corremos o risco de não ver nem ouvir a natureza, ambos responsáveis por dar um novo sabor à nossa vida.

Quando a tecnologia deixar sua família hipnotizada diante de qualquer equipamento eletrônico, lembre-os de que o amor é feito do convívio presencial, e não digital. Até porque um dia todos partem, e aí sim o jeito será recorrer aos equipamentos para saciar a saudade com as fotos. Abrir mão da convivência enquanto estamos vivos e saudáveis é um desperdício.

Amanhecer 6

A escolha é nossa

Capítulo 6

Quanta beleza encontramos a cada amanhecer para nós preparado. Com saúde ou não, se estamos vivos, nada pode ser melhor nem mais justo do que demonstrar gratidão e ter discernimento para vivenciar com sabedoria as situações do tempo presente.

Quantas vezes nos colocamos em oração e, ao menor sinal de que as coisas não têm saído conforme se planejou, logo duvidamos da própria capacidade e da fé que temos. Ficamos decepcionados e sem paciência para esperar o fruto das decisões que tomamos, para viver com sabedoria e plenitude o desenrolar dos acontecimentos. Com experiência no assunto, posso assegurar que provavelmente nossa expectativa por mudanças nem sempre será satisfeita do modo como imaginamos.

Outro dia, encontrei um amigo de longa data. Ele estava todo feliz, tinha acabado de se casar novamente. Enumerou as qualidades da nova esposa, por sinal a terceira, e depois me perguntou:

— Será que desta vez fiz a escolha certa?

Eu respondi com minha voz franzina:

— Depende de você!

— Ah, mas às vezes pensamos que estamos fazendo tudo certo e depois vemos que a realidade é outra.

— Depende de você! - insisti.

— Como assim? - perguntou o amigo, sem entender aonde eu queria chegar.

— Nesta vida, somos responsáveis por nossas escolhas e pelo modo como lidamos com cada situação. Escolhemos se vamos amar, cuidar; se seremos bons companheiros, pais ou padrastos. Então, depende de você acreditar que fez a escolha certa e investir no relacionamento, mesmo que apareçam dificuldades e contratempos.

Ele sorriu e disse:

— É verdade, vou me lembrar disso!

Acredito que, quando buscamos mesmo uma luz para nossas inquietudes e para as tomadas de decisão, precisamos acreditar que teremos a melhor atitude diante das contrariedades vindouras, pois, se agora ainda não entendemos o motivo desta ou daquela experiência dolorosa, o discernimento virá. Nem cedo. Nem tarde. No tempo certo, com crescimento, maturidade e perseverança.

Amanhecer 7

Quem é pobre e quem é rico?

Capítulo 7

O dia amanhece, e o mundo vai acordando. Rotinas vão sendo, aos poucos, retomadas. Um novo tempo para viver a plenitude, a felicidade de existir.

Ser feliz é viver a felicidade plena aqui, mesmo que o mundo apresente outros caminhos e atalhos ilusórios, pois a falsa felicidade também tem roteiro pronto a nos propor. Que o nosso coração saiba amar, partilhar, acolher, enxergar a necessidade de quem sofre e solidarizar-se com os excluídos.

Na vida em comunidade, enquanto prestava serviços sociais em uma região carente, vi e vivenciei muitas situações. Dentre elas, decidi partilhar no livro a realidade de uma família que chamou a atenção de todos nós. Suas necessidades eram muitas, mas a baixíssima qualidade de vida e da moradia tinha mais urgência de ser resolvida. A família era composta de um idoso enfermo e deficiente, uma jovem filha gestante, um filho com a futura esposa e três crianças.

Com o coração comovido, motivei uma campanha para ampliar a casa e dar mais qualidade de vida aos habitantes daquela moradia. Todos com quem partilhei comungaram do mesmo ideal e iniciamos a obra. Alguns participaram com doações de material de construção, e outros, com a mão de obra. Tivemos ainda a colaboração de uma empresa que ministrava curso para eletricistas, a qual reuniu professores e alunos para instalar a fiação, os disjuntores e as lâmpadas. Todos ficaram muitos felizes de ajudar, principalmente em virtude das crianças que amparávamos com a ação.

Tudo ia muito bem até identificarmos, com tristeza, o egoísmo de um "pobre". Praticamente no final da obra, o idoso, chefe da família, colocou a futura nora para fora de casa. A mulher estava prestes a se casar com seu filho. Já cuidava dos netos, da casa e até dele, que a expulsava. Era muita injustiça.

O idoso alegou que a casa tinha se valorizado com a reforma e não queria ter mais uma pessoa para dividir o patrimônio. Tentei de todas as formas convencê-lo de que estava errado, de quanto estava sendo egoísta, de quanta ajuda precisaria e poderia ter da nora, mas o homem tinha o coração duro demais para entender como é bom dar e receber. Ele só queria saber da segunda parte e pouco se importou com o fato de que a futura nora era quem facilitava as limitações de sua deficiência.

Foi difícil demais viver essa situação. Tinha vontade de gritar, mas, como a doença já deixara o tom de minha voz bem baixo, pedi a Deus que perdoasse aquele homem. Decerto, não tinha noção do malefício que gerava à própria família.

Quem é pobre e quem é rico?

Como vejo sempre o lado positivo em tudo, a felicidade de conquistar uma moradia mais digna para aquelas crianças e a alegria de saber que sempre há parceiros para partilhar o que temos com aqueles que pouco ou nada possuem é indescritível.

As internações constantes para seguir o tratamento me impediam de visitar aquela família e, por fim, acabei me afastando, mas continuei buscando informações sobre a situação deles com os amigos. Disseram-me que a futura nora continua o relacionamento com o pai das crianças, porém mora com a própria filha em outro bairro.

Essa é apenas uma das muitas histórias que presenciei na vida ativa em comunidade. São muitos os detalhes que optei por ocultar para não estender o relato, mas penso que devemos olhar e vigiar nosso comportamento, nossa capacidade de partilhar e de analisar se o apego material que alimentamos faz algum sentido além do dinheiro.

Não precisamos de muitas coisas para viver. O essencial, seja lá o que for essencial para você, basta. Quando nossa sede por querer, ter e acumular revela-se insaciável, talvez não estejamos no caminho da verdadeira felicidade.

Que felicidade pode existir na curtição de um sapato ou uma roupa nova se logo em seguida, compulsivamente, queremos outros? Quem disse que precisa ser assim, o mundo?

> **Que nosso coração sinta a leveza da paz, pois ser rico ou pobre não torna ninguém melhor ou pior, mas agir com pobreza de atitude faz qualquer rico virar pobre. Enquanto isso, pobres ou ricos de atitudes empobrecidas, cedo ou tarde, vão mendigar o que dinheiro nenhum compra: amor.**

Amanhecer 8

A receita do bom combate contra o assédio do câncer

Capítulo 8

A despeito do insistente assédio da enfermidade, a cada amanhecer sinto como é bom abrir os olhos, dar uma boa espreguiçada e me colocar em sintonia com a rotina de um novo dia, com disposição para fazer o melhor e colher os melhores frutos. Essa visão revitaliza o desejo de continuar lutando aconteça o que acontecer. Aí vai a receita que abriu este capítulo: amar os nossos inimigos e fazer o bem aos que nos odeiam.

Como Jesus ensinou, devemos fazer o bem àqueles que nos odeiam ou caluniam. Podemos até pensar que é um simples discurso religioso, mas o amor não pode ficar apenas no sentimento. Precisa ir além, agir de modo concreto. A própria doença que tira as forças da pessoa já é, por si só, cruel. Cultivar rancor apenas piora o quadro. Portanto, nunca devemos pagar a maldade com a mesma moeda.

Sejamos bons sem nada esperar em troca e, durante a luta, nunca nos permitamos ceder. Para isso, o amor é fundamental, e não pode existir nenhuma brecha para o ódio. É por essa brecha que a doença pode entrar no corpo e na alma.

Eu olho para minha história de vida e relembro que durante a caminhada conheci pessoas que foram verdadeiros anjos em minha vida. Posso dizer que é uma multidão, já que deparei com algumas pessoas que, depois de me conhecer, diziam:

— Eu não gostava de você!

Depois de conviver, porém, nos tornávamos bons amigos, construíamos uma relação de amizade verdadeira e repleta de sentidos.

Deparei também com outras pessoas, embora pouquíssimas, que supostamente não gostavam de mim e nunca tiveram coragem de me conhecer ou falar diretamente comigo. Por isso, elas me perseguiram, tramaram situações, boicotaram boas causas das quais eu estava à frente. Vivendo com fé e espiritualidade, sempre me coloquei a orar por essas pessoas, e Ele nunca me abandonou. Jamais permitiu que eu me sentisse intimidada. Ao contrário, deu-me forças.

Na luta contra o câncer, aprendi a não desperdiçar energia e focá-la no essencial, para que fosse gasta do modo certo. Graças a Deus, o número de pessoas generosas que me amam sempre foi muito maior do que os poucos que alimentaram maldade no coração simplesmente por não gostar do meu jeito de ser. A ação de um coração duro faz o ser humano perder muito. Nunca travei uma luta pensando apenas em meu bem-estar. Minhas lutas, como esta de registrar a batalha contra uma das piores doenças que existem, sempre foram e tiveram como foco o bem-estar de todos. Essa é a dica que posso deixar para você que trava a mesma luta e também para você que é familiar de quem luta. Conduza sua postura pelo amor, pois o ódio roubaria as energias tão vitais para o combate diário, difícil e inevitável.

É interessante pensar que a gente sempre pode encontrar pessoas de intenção duvidosa no trabalho e na comunidade. É uma realidade triste, mas, ao mesmo tempo, é maravilhoso que exista essa dualidade, afinal os generosos terão oportunidade de conviver e aconselhar, assim como o joio tem a possibilidade de conviver com o trigo até o fim da colheita, mesmo que apenas o segundo sacie a fome do planeta inteiro, ao passo que o primeiro nunca consegue vencer.

Tenho consciência de que não sou nem jamais pretendi ser modelo de perfeição, mas exijo de mim a capacidade máxima de amar, conviver e dar o melhor para a vida em grupo.

Coloquei em prática esse amor e pude ver as maravilhas que colhi em minha vida inspirada pela fé. Seria muita pretensão passar por esta existência e não encontrar nenhuma pedra pelo caminho. Desse modo, conviver com as pessoas de intenção duvidosa pode ter sido difícil por um momento, mas me fez alguém muito melhor. Pude mirar a minha história e constatar que passei pelo enfrentamento do câncer me posicionando, cercada de amigos e familiares, sem jamais prejudicar ninguém.

Essa sensação de paz interior e leveza na alma é muito gratificante. Confesso que alguns comportamentos dessas pessoas me incomodavam e até me faziam chorar, não por mim, e sim pelas boas ações boicotadas aqui e acolá. Entretanto, quando a intenção é generosa, o escudo intransponível do bem aparece. Devemos buscar a força necessária para cada situação e jamais desistir.

Que o nosso coração saiba amar todos que por algum motivo nos queiram algo nocivo. O aborrecimento arrefece as forças. Desejar algo negativo nada acrescenta de bom em nossa vida e ainda consome imensa energia do corpo, da alma e do coração.

> A vida da pessoa justa demonstra e reflete a força de seu coração, que é capaz de amar e perdoar sempre.

Amanhecer 9

Quando um cego guia o outro, ambos cairão no buraco

Capítulo 9

O dia vai clareando e trazendo a alegria de um novo amanhecer. Surge outra chance para sermos felizes e sentirmos a presença divina em nossa vida. Inspirados por essa presença, nossas forças estão mais uma vez disponíveis para trazer paz ao coração.

Numa pequena parábola, Jesus dizia que, quando um cego guia outro cego, os dois cairão no buraco. Ele falava da severidade do nosso julgamento em relação ao próximo e ainda aconselhava a tirar primeiro o cisco que está em nosso olho. Ao fazê-lo, é possível notar que desconhecemos nossa condição de pecadores e as fragilidades que calam em nossa alma.

Eu e meu esposo João estávamos à frente da implantação de uma nova pastoral na comunidade em que atuávamos e, durante uma caminhada pela região a fim de concretizar atividades religiosas das quais participava, organizando os estudos e a espiritualidade, um dos membros mais antigos, com maior experiência, que já havia participado por anos dessa mesma pastoral em outra paróquia, disse:

— "Tal pessoa" não pode participar, pois adota algumas atitudes diferentes da postura de uma pessoa que deva frequentar esta pastoral.

O membro relatou as atitudes e ainda completou.

— Eu afirmo isso porque depois dirão que eu sabia e não falei nada!

Por um momento, fiquei sem ação. Em seguida, enchime de uma necessidade urgente movida pelo senso de justiça e argumentei:

— Olha, estamos iniciando o trabalho. O convite foi feito a todos que quisessem participar, e essa pessoa se mostrou de coração aberto, disponível. Eu não posso simplesmente dizer para ela que não pode ou não tem direito de participar. Quem sabe este trabalho não será a chance que ela precisa para rever seu comportamento? O tempo vai dizer muitas coisas, e acredito que esse julgamento não compete a nós, que também somos cheios de defeitos.

Ele ficou indignado. Por meio do desprezo e do sarcasmo nas rodas de conversa, procurava ferir e intimidar a pessoa. Fazia uma guerra psicológica para que desistisse. O tempo passou, a pastoral foi implantada, e, posso dizer, a pessoa que "deveria ser excluída" continuou atuante, dedicou seu enorme coração sempre disponível, teve sede de aprender, de fazer cada vez melhor, e ainda corrigiu sua postura. Ajudando o próximo, também se transformou numa nova pessoa. Toda a sua família ficou feliz. Então, me pergunto:

Como eu gostaria de ser tratada diante de minhas imperfeições?

Quando um cego guia o outro, ambos cairão no buraco

Existe um pensamento de Madre Teresa de Calcutá que cabe bem aqui: "Quem julga as pessoas não tem tempo para amá-las"

Acredito que foi positivo tomar conhecimento da limitação que essa pessoa vivenciava. Assim, pudemos dar mais atenção e aprofundar a amizade. Ficamos mais presentes na vida e na integração dela à comunidade. Isso fez a diferença na vida e na caminhada dela. Por efeito, também fez toda a diferença em nossas vidas, porque, quando ajudamos alguém a evoluir, também damos um pequeno passo na direção do amadurecimento da alma e do caráter.

Olho para mim e sinto que, desde quando decidi desenvolver um caminho de fé, a responsabilidade de frutificar bons exemplos cresceu muito. Sei que não fiquei nem jamais ficarei infalível, mas o compromisso com a evolução faz muito bem. De modo geral, corremos o risco de agir como cegos diante de uma situação dessas, seja por julgamento, seja por omissão. Ninguém é dono da verdade, e acredito que precisamos sempre refletir quando nos vemos muito certos daquilo em que acreditamos.

> **Nosso jeito de ver a vida está influenciado por vivências íntimas, e esquecemos que nosso próximo teve experiência de vida diferente.**

Como é importante buscar conhecer o próprio limite, a fragilidade, pois, se caímos cegos no buraco, levamos conosco as pessoas próximas. Olhe só a responsabilidade...

Na pré-adolescência, eu estudava no Sesi, a cinco quilômetros de distância de casa. Na maioria das vezes, caminhava por esse trajeto. Era o jeito. Não tinha dinheiro para o ônibus. Enquanto vencia a distância com passadas curtas, reparava vários muros pichados. Lembro-me de que um deles tinha a seguinte frase:

"Precisamos aprender com o erro do outro. A vida é curta para cometermos todos os erros sozinhos."

Sem dúvida, jamais fui favorável ao vandalismo, mas confesso que tomei essa frase do muro como orientação para minha vida, e ela me ajudou muito no tratamento contra o câncer. Basta olhar a nossa volta com atenção, e teremos muito a aprender. A vida é assim, um eterno aprendizado praticado ao sabor dos caprichosos detalhes. Logo que comecei o tratamento contra o câncer, numa das consultas, o médico fez uma pergunta delicada:

— Como você tem lidado com a situação de estar diante de uma doença que apresenta risco de morte?

Fui totalmente franca na resposta.

— Tenho aprendido muita coisa nova desde que descobri a doença!

Então ele replicou:

— Que bom, Cidinha, pois muitos vão para o caixão sem mudar nada em sua vida!

Embora as palavras do médico possam parecer duras, para mim soaram mais como filosóficas. E como foram certas as palavras dele. Se buscássemos aprender e crescer com cada situação, mesmo as mais severas e adversas como o câncer, não cometeríamos tantos erros. Lamentaríamos, procrastinaríamos e odiaríamos menos. Perdoaríamos, compreenderíamos e amaríamos mais.

Que a nossa vida seja amparada pela paz, repleta de atitudes de amor e acolhimento!

Amanhecer 10

Como lidei com uma das piores fases do câncer: a notícia

Capítulo 10

A cada dia que amanhece, pela fé e pelo valor que dou à luta pela vida, sou levada a valorizar a existência de cada pessoa, pois o Criador está em cada criatura.

As escrituras, por exemplo, mencionam o povo revoltado por confiar em Moisés. Deixaram o Egito e enfrentaram todo tipo de provação. Mudaram o caminho e caíram numa região de serpentes. Muitos morreram picados. Jesus compara essa situação com a entrega de sua vida. Ele deu o seu bem mais precioso para salvar a humanidade. Basta olhar a nossa volta, e veremos diversas situações de pessoas que passam por algum tipo de sofrimento e agem exatamente como o povo do Egito: reclamam, acham que são infelizes, querem compensações, buscam caminhos alternativos para uma falsa felicidade que amenize a dor e a dificuldade. É comum que se desesperem ao não encontrar tais alternativas.

Um novo amanhecer na luta contra o câncer

Quantas pessoas buscam nas drogas a completude da felicidade ou o fim da infelicidade? Quantos jovens estão em presídios? Quantas famílias são destruídas ao passar por uma dificuldade?

Sem dúvida, precisamos amar e cuidar muito bem de nossa vida. É nosso maior presente, o bem mais valioso que temos, mas como Jesus fala em outro momento: "Quem se apegar à sua vida vai perdê-la". Ele fala do apego vazio, de usar essa mesma vida em benefício próprio quando poderíamos levar esperança por onde quer que fôssemos.

Quando deparei com a notícia de que estava com câncer, pensei:

Essa doença quer roubar minha vida. Não posso permitir. Tenho três crianças sob minha responsabilidade. Preciso ajudá-las a crescer!

Letícia estava para completar 4 anos; Takeshi, 6 anos; e o mais velho dos netos, Wesley, 13 anos.

Este passou a ser o meu foco existencial: viver para ajudar João, meu esposo, a cuidar das crianças. Quase 13 anos depois, Wesley formou-se em Jornalismo. Letícia e Takeshi cursavam faculdade, dirigiam e estavam engajados na vida em comunidade, oferecendo o que há de melhor ao próximo.

Quando estamos firmes na fé e na vida, mesmo que não entendamos o motivo que nos leva a enfrentar momentos tão difíceis, a vitória é certa.

Conheço uma pessoa que, quando sente dor, assume um humor insuportável, maltrata todos que estiverem próximos. E posso entendê-la. O sofrimento tem o poder de revelar o egoísmo em nós. Observando o comportamento dessa pessoa, aprendi que é muito importante viver e lutar contra a adversidade, e nenhuma situação pode ser considerada causa perdida.

Como lidei com uma das piores fases do câncer: a notícia

Em 2002, eu concluía um ciclo de quimioterapia. Animada pelos médicos que me acompanhavam, decidi fazer a reconstrução mamária com expansor de pele. Estava tudo bem até que um dia a pele começou a avermelhar. A febre invadiu o corpo. Um dos médicos que me acompanhava não estava no Brasil. O outro foi me acompanhando, e, embora oferecesse o seu melhor como profissional, nada aplacava a febre. Lembro-me de que era domingo. Meu oncologista estava chegando ao Brasil. Liguei para ele, e combinamos o encontro no hospital.

Nesse dia, minha filha receberia a investidura de coroinha na Paróquia São Paulo Apóstolo. Deixei-a na igreja em companhia da avó e de Antonia, minha irmã. João me levou ao hospital, e estávamos ambos com lágrimas nos olhos. Não participaríamos daquele momento tão importante da vida dela.

Fui internada. Sentia muita dor em toda a região da mama. Tomava as medicações indicadas, mas nada de melhorar. Madrugada adentro, estava escuro. Rezava e lutava com as forças que tinha e com a fé. De repente, percebi um líquido quente a escorrer pelo corpo. Chamei a enfermeira, que ficou apavorada e correu em busca de gaze.

Quando acendemos a luz, vimos que a mama havia "explodido". Era uma cena muito feia. Não sei exatamente de onde veio a repentina calma que senti, mas eu disse:

— Traga uma toalha. É muito líquido!

Ela não conseguia falar com meu médico. Estava totalmente aflita. Então, eu a acalmei:

— Fica tranquila. Traga mais uma toalha. A dor já passou. Estou com muito sono; há dias não consigo dormir. Vai dar tudo certo!

E a acalmei ainda mais:

— Meu médico passa sempre bem cedinho. Daqui a pouco, ele estará aqui e decidirá o que fazer!

E assim foi. Como eu já estava em jejum, logo fui para o centro cirúrgico fazer os procedimentos emergenciais.

Não tardou para que os comentários se espalhassem pelo hospital. Fui visitada por praticamente todo o corpo de enfermagem, além de outros setores do hospital. Foi um momento muito especial, e ganhei até presentes. Como é interessante o carinho...

Por mais difícil que seja a situação vivenciada, quando existe afeto e compaixão, tudo é encarado de modo muito mais tranquilo, e qualquer carga se torna bem mais leve.

Com o tempo, eu me recuperei. Mais uma batalha ganha. No retorno à clínica para retirar os pontos, perguntei ao médico:

— Eu andei para trás e perdi tudo que havia feito? Perdi até mesmo minha pele?

Ele respondeu com muita tranquilidade:

— Não, você não andou para trás. Você está em tratamento. O que aconteceu faz parte da nova e possível realidade. Sua reconstrução simplesmente foi adiada para outro momento!

De fato, exatamente isso aconteceria. Fiz a reconstrução tempos depois, usando o músculo das costas, uma opção para o meu caso, já que a pele se destruíra. Na verdade, fiz apenas a primeira fase e depois nem concluí. Foi necessário esperar esse tempo, e eu precisava aguardar da melhor forma possível. Enquanto isso, vida que segue. Comprei um sutiã com enchimento de silicone e não deixei de viver, ao lado de minha família, nada que quisesse. Fomos a piscinas e à praia e vivemos o nosso bem maior, que é a vida de modo prazeroso.

Como lidei com uma das piores fases do câncer: a notícia

Você não adquiriu esta obra por acaso. O tema pode fazer parte de suas pesquisas ou vivências, sejam íntimas, sejam relacionais. O fato é que para nós ou para aqueles a quem decidimos motivar cabe o cuidado fundamental de oferecer o nosso melhor e fortalecer três fatores:

1. A fé;
2. O desejo de viver;
3. Os cuidados com nossa saúde física e espiritual.

## Amanhecer 11

O perdão e o acolhimento como elementos de cura

O perdão e o acolhimento como elementos de cura

Capítulo 11

Como é maravilhoso ver nascer mais um dia e ter a graça da presença divina em nossa vida.

A cada dia, agradeço por todas as bênçãos derramadas e pelas dificuldades superadas. Que a paz e a misericórdia possam acampar em nosso coração.

Podemos viver o dia de hoje como uma espécie de dia da misericórdia ou dia do perdão. Vale refletir, por exemplo, sobre a atitude do filho mais novo que sai de casa, esbanja todo seu dinheiro, mas, afinal, toma consciência de que tem um pai e volta para casa. Ou podemos ainda pensar sobre o filho mais velho que não saiu de casa e foi desafiado pela vida a aceitar ou não o retorno do irmão faltoso. Se aceitar, poderão ficar mais íntimos e mais amigos. Do contrário, podem viver um tormento na relação até o fim de seus dias. Isso nos mostra, com efeito, que o bom relacionamento depende de eventos, da aceitação ou da capacidade de usar a misericórdia e o perdão.

Vale também refletir sobre o gesto do pai que deixa o filho livre para ir, mas, quando ele decide voltar, vive o retorno com imensa alegria, pois recuperou aquele que parecia perdido. O pai viveu a vocação paterna e materna do acolhimento, do perdão. Independentemente da rebeldia e da ingratidão, ele não se mostra ofendido ou cheio de reservas por aquele que o abandou. Observando o ensinamento sobre a falta cometida por quem erra, ofende e abandona, é necessário refletir sobre a postura que adotaremos diante daqueles que nos causaram dor.

Entre inúmeros momentos por mim experimentados no desafiante exercício de perdoar e ser perdoada, comento uma situação que vivenciei com uma amiga muito querida. Eu já a conhecia há quase 25 anos. Vivemos muita coisa nos tempos de juventude e trabalhamos juntas em três ocasiões, em empresas diferentes.

Ela acompanhou meu namoro e meu casamento. Presenciou o nascimento de meus filhos e os aniversários das crianças. Tivemos incontáveis conversas de grande intimidade. Quanta coisa boa...

Essa amiga passou por um momento muito duro em sua vida. Seu noivo tinha um tumor no cérebro e fazia tratamento na cidade de São Paulo. Fez cirurgia, radioterapia, quimioterapia, e eu achava estranho, pois eles me diziam que não era câncer, mas o tratamento "era igual". O tumor estava alojado em uma região delicada. O tempo passou, e a situação foi se agravando, até que um dia ela abriu uma correspondência do hospital, e ficaram sabendo que o tumor era câncer.

A mãe do enfermo tinha combinado com os médicos

O perdão e o acolhimento como elementos de cura

para que não contassem a verdade ao filho porque o pai falecera com a mesma doença. Isso deixou minha amiga muito revoltada, e ele, a cada dia, mais debilitado.

Dois meses depois de descobrir o câncer, ele faleceu. Minha amiga nunca superou a situação, e toda aquela mágoa lhe fez muito mal. Chegou até a desenvolver um comportamento relativamente confuso.

Novamente estávamos trabalhando juntas, e eu percebi quanto tudo aquilo estava atrapalhando seu rendimento. Procurei conversar com ela, incentivá-la a buscar a ajuda de um profissional, um psicólogo que pudesse apoiá-la a resgatar o seu eu. Nunca imaginei que essa conversa poderia ser tão ofensiva para minha amiga.

Ficou irritadíssima. Disse que jamais esperava tal atitude de minha parte, que eu a estava chamando de "louca" e que nossa amizade acabava naquele momento. Foi ao departamento de pessoal e pediu as contas. Não nos vimos mais por uns cinco anos. Eu estava sempre me lembrando dela com carinho. Tinha muita preocupação, e ela estava muito presente em minhas orações. Sempre procurei saber notícias suas por meio das amizades em comum, até que um dia ela apareceu em minha casa com o esposo, um bebê, filho deles, e uma linda garotinha de 6 anos, enteada dela.

Logo percebi que a garotinha estava com os olhos roxos e tinha hematomas pelo braço. Perguntei o que havia acontecido. A menina, que estava toda saltitante, silenciou.

Minha amiga disse que se lembrou do dia no qual gritou comigo e rompeu a amizade. Afirmou reconhecer agora que realmente precisava de ajuda. Tinha se tornado uma pessoa agressiva, e os hematomas na enteada eram fruto do seu descontrole. Disse também que já estava se tratando, e o profissional que a tratava a aconselhara a me procurar, pois eu tinha sido a única pessoa a lhe dizer a verdade. Nessa hora, passou muita coisa pela minha cabeça, pelo fato de eu ter me ausentado da vida dela. Pensei nos horrores que aquela criança poderia estar vivendo e uma pergunta ecoou na alma: "O que eu poderia ter feito de diferente?"

Eu a abracei. Choramos. Conversamos. Seu novo esposo pediu ajuda também, e o aconselhei a permanecer firme no tratamento e na busca pela fé. Justifiquei minha ausência da vida dela para respeitar seu tempo e suas buscas, mas evidenciei que as portas da minha casa e do meu coração estariam sempre abertas para eles.

É fato que somos livres, e a decisão de fazer o bem, perdoar, acolher e amar é nossa. Entretanto, não podemos esquecer que, quando vivemos a intimidade divina, devemos deixar Deus nos conduzir, ouvir o que fala nosso coração e ter atitude diante daquilo que está incomodando.

Quando vivenciei a tão repentina morte de meu pai num trágico acidente, aprendi como é gratificante estar em paz com as pessoas, quanto é bom vivenciar as práticas do amor, do perdão e do bem-querer. Nunca sabemos qual será a hora de a pessoa partir, e agradeço muito por todo amor que recebi e dei ao meu pai. Na noite anterior à sua morte, eu e minha irmã Luisa fomos dormir com dores na barriga de tanto que brincamos e de tantas gargalhadas que demos com ele.

Tanto naquele momento como depois disso, preservei em minhas memórias uma belíssima lembrança.

Para todas as pessoas que têm a vida abalada e desestruturada pelas mágoas que carregam e pela dificuldade de perdoar, para todas as crianças que têm os sonhos roubados, as famílias que vivem em atrito e todos aqueles que ainda não aprenderam a riqueza do perdão, desejo que a

O perdão e o acolhimento como elementos de cura

paz divina esteja sempre em seu coração, pois o perdão está em mim, está em você, aguardando a permissão e o verdadeiro desejo de misericórdia em relação ao semelhante.

Amanhecer 12

O poder dos bons relacionamentos e da fé

Capítulo 12

Quando amanhece, é o melhor momento para pedir a bênção de Deus para o que estiver acontecendo conosco no decorrer de todas as situações, para que nos ilumine e oriente à luz da leveza de viver.

Uma passagem bíblica menciona o encontro de Jesus com um oficial romano, centurião-chefe do batalhão. A despeito de ser o seu perseguidor, o mestre elogiou o oficial ao perceber que ele estimava muito os seus pares, pois nessa cena mostrava-se preocupado com um deles que estava muito doente.

O oficial romano viu as barreiras do preconceito se quebrarem. Jesus foi de encontro ao doente e escutou dele:

— Senhor, não sou digno de que entres em minha casa. Nem mesmo me achei digno de ir pessoalmente a teu encontro. Mas ordena com a tua palavra e o meu empregado ficará curado!

A fé pode mesmo romper as barreiras do preconceito e aumentar nossa sensibilidade junto aos que nada têm a oferecer; afinal, muitas vezes nos sentimos até incomodados com a existência dessas pessoas, por exemplo, aqueles que vivem perto de nós e estão totalmente dominados pelo mundo das drogas, do vício e da loucura.

Refletindo sobre essa passagem, lembrei-me de uma série de situações vivenciadas há alguns anos.

Havia uma amiga muito querida da comunidade. Costumávamos tratá-la como nossa "mãezona", além de ser um anjo para nós. Mulher de vida intensa, era mãe de um filho alcoólatra e portador do vírus HIV. Nessa época, seu filho andava numa fase difícil, bastante depressivo, e, com isso, bebia além da conta e passava dias fora de casa, dormindo nas ruas.

Sua mãe vivia em constante angústia e nunca sabia exatamente o paradeiro do filho. Num determinado dia, eu estava na secretaria da igreja quando o telefone tocou. Era Gina, uma grande amiga da comunidade, que ligou avisando ter visto o jovem jogado na calçada, inconsciente, no centro da cidade, e deu os dados de sua localização.

Não pensei duas vezes e chamei o padre da paróquia:

— Vamos buscá-lo!

— Mas não tenho como. Não estou com meu carro! – ele respondeu.

— Não tem problemas. Vamos com o meu carro, mas preciso de ajuda. Com as minhas limitações, não terei forças para tirá-lo do chão sozinha.

E lá fomos nós. Era próximo do meio-dia, e o sol estava forte. Quando o vi deitado no chão, parei o carro. Estava apagado pela bebida. Suas roupas, ou o que sobrou delas, estavam marcadas pelas necessidades fisiológicas. Estava todo sujo.

O poder dos bons relacionamentos e da fé

Tentei acordá-lo. Comecei a falar com ele. Estava confuso. Depois de um bom tempo, convenci-o a vir conosco. Ele não tinha sequer força nas pernas, estava muito magro e debilitado. Conseguimos colocá-lo no carro e seguimos até a casa de sua mãe, que ficou muito feliz ao vê-lo entrar em casa, ainda que estivesse em condições físicas deploráveis. A partir daí, veio a fase pós-tormenta. Muito amor, carinho e cuidados diversos. Além da família, outras pessoas, a cada dia, surgiram e tornaram-se importantes para a recuperação e a vida dele.

Foram muitas as fases que ele tem vivenciado, mas nunca só. Havia, aqui e ali, alguém com quem contar. Na região onde vivemos, e certamente não é uma exceção se considerarmos a geografia nacional dos quatro cantos, uma realidade muito me incomoda: ver os filhos de amigos da comunidade, jovens que nasceram e cresceram em nosso meio, perdidos no mundo das drogas. Vejo o medo estampado no rosto de alguns moradores e sempre digo:

— Não tenha medo. Foi uma criança que cresceu em nosso meio. Coloque-se no lugar da família e veja o que pode fazer, tanto por ele como pela família. Precisamos amar, acolher e acreditar que pode ser diferente!

É muito importante que exista visão fraternal entre a comunidade, entre a família, que se frequentem grupos de convivência afetuosa, pois a força do relacionamento ajuda a fortalecer a fé, a aumentar a confiança e a autoestima. Em nossos gestos, devemos ir além-fronteiras para contribuir com a vontade e a intervenção divina numa situação que pareça não ter solução. Nossa fé jamais poderá ser vivida apenas como um sentimento, uma emoção. A fé deve conter a esperança que ilumina nossas ações e nossa mente, levando-nos a gestos concretos, conduzindo-nos a enxergar aquilo que muitos não vislumbram.

Costumo dizer que às vezes precisamos ser até um pouco malucos e jamais nos abater pelas dificuldades, pois Deus está presente em nosso meio. Devemos viver essa certeza de que sempre tem um jeito, que precisamos ir adiante mesmo que muitos recuem. É assim que vivo, sempre esperando por cada novo amanhecer repleto de luz, por momentos felizes, e não tem me faltado a alegria de viver, conviver e acreditar sempre. Com certeza, em algum momento, esse novo amanhecer me faltará, sei disso. Mas, enquanto isso não acontece, sigo com gratidão e recomendo a todos que vivem o mesmo desafio que façam igual: vivam com gratidão.

> **Está com dor? Agradeça. Enquanto há dor, há vida. Não está fácil? Agradeça. Enquanto a dificuldade estiver presente, sua existência está garantida.**

Quando tinha 10 anos, meu sobrinho Claudinei, o mais velho, estava para completar 2 anos e foi atingido pelas chamas de um acidente doméstico – em virtude de se quarar roupas numa lata aquecida pelo fogo, no quintal. Foi um momento de terror que durou alguns segundos, mas causou queimaduras de terceiro grau e atingiu todo o corpo dele. Apenas o rosto não teve queimadura alguma. O menino corria risco de morte, e eu tinha imenso apego por ele. Morávamos com seus pais, e ele era nosso primeiro sobrinho. Eu chorava a toda hora e, com minha fé de criança, pedia todos os dias por sua recuperação, implorava ao céu que ele ficasse poucos dias no hospital, quem sabe, no máximo, 15 dias, pois estava perto do Natal, e eu o queria em casa para cuidarmos bem dele.

Eu não tinha idade para visitá-lo na Santa Casa, mas, como eu mesma já ficara internada naquela ala, sempre

O poder dos bons relacionamentos e da fé

dava um jeitinho de entrar escondido e ficar com ele. Naquela época não permitiam acompanhantes na ala pediátrica. Imagine minha alegria no dia da alta, exatamente 15 dias depois, tal qual minha fé de criança ensejava. Ele ainda precisou de muitos cuidados, e foi longo o período de sua recuperação.

Foi uma grande festa em família. Toda a comunidade se fez presente na comemoração. Nosso Claudinei ganhou abraços, carinho e presentes. Como é bom acreditar, viver a comunhão e a partilha. A fé de uma criança repleta de paz, talvez por sua total pureza, rompe barreiras, leva vida e esperança.

Amanhecer 13

O sublime analgésico do corpo e da alma

Capítulo 13

Você já observou com atenção a beleza e a singularidade das gotas de orvalho na flora? Cada amanhecer traz a bênção divina para os filhos amados que vivem na Terra da mesma maneira: como gotas de orvalho que umedecem e renovam o ciclo da vida.

Outra passagem bíblica relata Jesus a caminho da cidade de Naim quando, de repente, depara com um funeral. A viúva enterrava seu filho único. Jesus sente piedade e enternece-se.

Podemos entender o caixão em que estava o filho como nosso coração, que muitas vezes segue triste tal qual a viúva, chorando todas as perdas da vida, os sonhos frustrados e os problemas. A viúva também representa todos que se encontram no sofrimento, os excluídos, aqueles que estão à margem da sociedade. O filho no caixão pode ser entendido como tudo aquilo que estamos enterrando em nossa vida: nossas alegrias, nossos sonhos de uma família feliz, a busca pelo crescimento pessoal, a luta para sair de um vício ou a conquista de um peso equilibrado.

Como mencionei há pouco, não podemos perder ou esquecer os filhos que estão sendo enterrados vivos pelo vício das drogas. Outra lembrança cabe também ser relatada nesta obra, a de tantas famílias que perderam seus filhos na Boate Kiss, em Santa Maria, no Rio Grande do Sul. Afinal, apesar de este livro falar sobre como lidar com uma doença oportunista, a desatenção com a vida dos semelhantes também é nociva.

Muitos jovens morreram por um descuido com aquilo que era essencial, o cuidado com os semelhantes. Lembro-me também de uma situação na Síria, onde expressivo número de inocentes foram mortos por gás químico, incluindo centenas de crianças que poderiam estar hoje por aí, a brincar, a correr e a dormir no aconchego de seu lar, mas tiveram sua vida ceifada. O número de pessoas refugiadas naquela região chegou a seis dígitos, e o Brasil abrigou uma pequena parcela desses refugiados de guerra. A cidade brasileira que recebeu muitos deles foi Ribeirão Preto, em São Paulo. Enquanto isso, a Organização das Nações Unidas (ONU) relata milhares de vítimas das mais variadas drogas que morrem e deixam sua família em verdadeira tristeza. Olhamos para essa realidade tão triste e o que fazemos?

Como é difícil deparar com mortes nessas circunstâncias. Tamanha dor toma conta do nosso coração. Eu me pergunto: "Como transformar toda essa tristeza em solução para o futuro?" Eis o desafio cuja resposta vai tirar de nosso peito a angústia e a falsa sensação de que "não tem jeito", pois com fé, atitude e esperança tem jeito sim!

Contemplando o gesto de Jesus, que para, olha e compadece-se, fica muito claro para mim que, quando nos aproximamos de quem está sofrendo, damos apoio, tocamos, abraçamos, levamos vida, esperança ao coração de quem sofre e devolvemos a alegria que faltava à pessoa. Foi o que senti quando meu pai faleceu, deixando minha mãe, que nem sabia ler e escrever, viúva, com sete filhos menores de idade para cuidar.

Naqueles dias, a comunidade se fez presente com orações e apoio. Vizinhos se tornaram muito próximos de nossa vida. Amigos e parentes se aproximaram para apoiar.

Em minha luta contra o câncer, também fico imensamente feliz quando me conscientizo de que vivo uma fase mais debilitada e vejo pessoas aproximando-se, ajudando e dando apoio ao João e à Letícia, cada um do seu jeito, seja uma palavra, alguém que passe e varra nossa calçada, outro que traga um alimento pronto. Toda essa demonstração de amor aquece o coração de quem sofre sem abrir mão da gratidão e do amor.

> **Somos convidados pela vida, diariamente, a olhar o que há em torno, constatar a dor de quem sofre e oferecer nosso apoio do modo mais simples, puro e sincero que se possa.**

Lembro-me da amada amiga Diana. Grávida no ano de 2008, seu bebê nasceria em junho. Tratava-se de uma gravidez de risco que previa repouso absoluto durante toda a gestação. Não bastasse isso, os exames revelaram que seu bebê não tinha cérebro.

Foi um momento muito delicado que nos comoveu a todos. Fiquei com o coração completamente enternecido e fiz a opção de me aproximar mais dela e viver de perto essa gestação tão linda por seus complicados aspectos. Ela seguiu, manteve-se firme com a gravidez mesmo contra o desejo do médico e recebeu apoio de muita gente.

    O bebê nasceria com seu tempo de vida previsto e determinado, mas eu pensava que seria uma criança como todas as outras, que merecia ser amada, vinda de uma gravidez desejada, curtida. Merecia enxoval, mesmo sabendo que teria pouco tempo de vida, mesmo que vivesse apenas 24 horas, e assim fizemos. Curtimos a gravidez, tiramos muitas fotos, montamos um pequeno enxoval, tudo com muito carinho para a menina que estava sendo gerada. Nessa época, minha vida era muito corrida, mas, entre o trabalho, a vida em comunidade, a faculdade e a família, sempre arrumava um tempinho para ir a casa dela e me acalentar naquele barrigão que crescia a cada dia.

    No dia do parto, eu me fiz presente, cheguei ao hospital bem cedinho, às 6 horas, e foi muito bom. No retorno dela ao leito, um vislumbre de felicidade. Visitei na incubadora aquela criaturinha tão indefesa e, no momento em que chegou a notícia mais triste, de que o bebê parara de respirar, eu também estava lá.

    No funeral, a triste cena de um pai carregando em seus braços o pequenino caixão que serviu de última morada para a passagem do bebê pela vida. Ela era um lindo presente divino para amar e aprender muito com aquela vida que parecia ter sido curta, mas que tanto ensinou sobre valorizar cada minuto. Em meu coração, aprendi a ter imensa admiração por Diana, que se tornou muito especial em minha vida.

    Deixei o enterro muito cansada, mas ao mesmo tempo feliz pela postura da amiga que jamais desistiu. Ao chegar em casa, sentia imensa falta de ar. Imaginei que fosse por

O sublime analgésico do corpo e da alma

causa da emoção. Mas, ao refazer os exames, descobri que o câncer atingira os ossos. Nessa hora triste, foi dessa mesma amiga querida que recebi muito apoio.

Assim é a vida. Hoje damos a força e o coração a um amigo, e amanhã, quando a força e o coração recebem um duro golpe, esse mesmo amigo torna-se nosso cajado. Não é uma simples questão de trocar afeto, mas de oferecer amor verdadeiro e apoio ao semelhante.

Amo o bolo de limão que essa amiga fazia. E o que um bolo tem a ver com toda esta reflexão? Posso explicar...

A beleza da vida está nos gestos singelos, como apreciar uma fatia de bolo. É muito bom ser presente na vida de alguém, e, por certo, também sempre teremos alguém presente em nossa vida.

Que possamos olhar com carinho as nossas dores e a dor dos semelhantes, pois um sublime abraço verdadeiro é o melhor analgésico para os males do corpo e da alma.

Amanhecer 14

O que fazer quando encontramos pessoas cheias de má vontade?

O que fazer quando encontramos pessoas cheias de má vontade?

Capítulo 14

Um novo amanhecer, uma nova oportunidade de fazer o certo, de ser feliz diante dos pequenos acontecimentos do dia a dia. Como é bom agradecer por cada novo dia de um aprendizado que nos faça entender a importância de viver.

Quantas vezes deparamos com pessoas insatisfeitas, que se comportam como crianças rebeldes e birrentas, que só pensam em si e nunca assumem responsabilidades pelo bem de todos? Essas pessoas encontram mil desculpas para não assumir compromissos e até fazem chantagem para conseguir o que querem. Tudo precisa ser do jeito delas, senão estão fora.

Por certo, não é fácil conviver com alguém assim, mas é possível aprender muito e desenvolver o exercício da paciência. Devemos ser gratos pela vida, mas também é válido reconhecer que não vivemos num mundo perfeito. Estamos sujeitos a encontrar pessoas difíceis em todo lugar. Eu mesma já deparei com algumas.

Meu convênio médico cobria a internação em enfermaria. Normalmente ficava com outro paciente no quarto e, por isso, tive a oportunidade de conhecer muita gente interessante. Foram muitas internações, e uma delas ficou marcada em virtude da falta de ar e das dores ósseas que eu sentia. Em momentos assim, eu prezava o silêncio, mas, nesse dia, o hospital estava muito cheio. Até aquele momento, estava sozinha no quarto, mas, quando a última badalada estava prestes a soar no relógio, internaram uma senhora no mesmo quarto, cuja idade aproximada era 60 anos. Ela entrou agitada, acendeu todas as luzes, tomou banho e ficou aguardando que as filhas trouxessem a mala com seus pertences.

A senhora estava extremamente inquieta. Reclamava o tempo todo da instalação do hospital, do banheiro, da cama, das enfermeiras, enfim, de tudo o que coubesse, em seu entendimento, alguma crítica. Com elevado tom de voz, ela não parava de falar em nenhum instante. A situação foi incomodando até mesmo quem estava saudável, no caso, minha irmã Antonia, que gentilmente me acompanhava nessa noite.

Antonia conversou com a enfermeira, que, por sua vez, sabia de minhas condições e das dores que eu estava sentindo. A enfermagem me trocou de quarto, provavelmente pela sensibilidade de perceber que um paciente debilitado precisa de paz.

Depois que deixei o leito, ainda com dor, rezei para que a senhora encontrasse a paz e o equilíbrio, condições indispensáveis para alguém recobrar a saúde.

Outra situação que me vem à lembrança é o dia em que

O que fazer quando encontramos pessoas cheias de má vontade?

eu estava numa das reuniões com a liderança da igreja, que chamávamos de Conselho Pastoral Paroquial (CPP). A reunião acontecia na paróquia que eu amava e onde muito aprendi durante a caminhada cristã. De repente, chegou uma jovem que estava começando a participar conosco e, sem perder tempo, foi julgando e apontando todos os defeitos que ela acreditava que o conselho tinha. Foi uma situação bem desconfortável. Como não a conhecíamos, a escutamos e demos nossas justificativas, mas, com o tempo, entendemos que ela queria tudo do jeito dela, ou seja, não pensava no bem do grupo e da comunidade, portanto nem precisamos fazer nada. Não tardou para que logo desistisse de caminhar conosco. Afinal, assim é a vida. Nada precisamos fazer ou desejar de negativo aos que agem de maneira mais individualista. Vale aprender com essas pessoas o que não se deve fazer e, ao mesmo tempo, rezar para que o próprio tempo lhe ofereça a maturidade e o desejo de conviver em harmonia com o coletivo.

Como eu disse, em todos os lugares onde existe convívio encontraremos pessoas imaturas e especialistas em reclamação, seja em casa, no trabalho, na comunidade, na escola, na sociedade como um todo; às vezes, nós mesmos temos agido como uma pessoa que reclama de tudo e nem percebemos, o que nos leva à necessária e diária autoanálise. Aprendi num curso que é sempre bom analisar quem está falando e o que está falando, pois tem gente que reclama só pelo prazer de reclamar.

É válido não dar tanta importância a esse tipo de comportamento e ficar atento para não permitir que roubem nossas energias ou nos desanimem de fazer o bem, de fazer o que é certo. Como é bom viver e prezar pela união coletiva, como é prazeroso desejar e fazer o bem pelo bem de todos.

Que o nosso coração seja paciente com as pessoas que vivem um comportamento imaturo. É importante tentar ajudá-las. Provavelmente não estão satisfeitas nem consigo, e, se assim for, tudo e todos que encontrarem terá grave defeito.

Se você vive uma situação de enfermidade ou acompanha quem luta contra alguma doença insistente, o foco no positivo será importante. Essas pessoas são peritas em roubar nossa atenção e direcioná-la ao negativo. Portanto, olho vivo e coração vigilante!

Amanhecer 15

O sorriso de Tião

Capítulo 15

Cada amanhecer merece nosso respeito e nossa gratidão, e assim, gratos, contribuímos com a beleza da vida. Que a paz divina chegue de mansinho a nosso coração e banhe com luz e saúde o nosso corpo, esteja ele saudável, esteja enfermo. Que essa paz transforme-se em bons pensamentos e generosas atitudes!

Diariamente é válido refletir em qual situação nos encontramos e algumas perguntas podem orientar nosso caminho:
- Como tenho agido na vida?
- O que posso fazer para alegrar o coração de um semelhante?

Além disso, cabe evidenciar que não é porque vamos à igreja ou fazemos o bem que não temos pecado. Aliás, nesse sentido, se Deus nos ama e nos acolhe sempre, nos ama

Um novo amanhecer na luta contra o câncer

do jeito que somos, com nossas qualidades e defeitos, cabe a nós julgar menos e amar mais o próximo.

Desde criança, sempre tive muito ânimo, muita alegria e disposição de fazer o bem com qualidade e o mais rápido possível em todos os lugares. Fosse em casa, no trabalho, na faculdade ou na comunidade, meu desejo sempre foi conviver bem com as pessoas e as responsabilidades a mim atribuídas. Com o tempo, percebi que essa disposição ia além da disposição daqueles que estavam a minha volta. Naturalmente, enfrentei algumas dificuldades e alguma discriminação por meu modo de ser, como se as pessoas não me entendessem bem. A malícia dos pensamentos de algumas pessoas (e não posso culpá-las, pois o próprio brasileiro tem um jeitão desconfiado de ser) as fazia julgar porque eu agia com tanta generosidade. Comumente, pareciam acreditar que eu deveria "ter algum interesse". Nunca me abalei. Sempre soube o que de fato estava presente em meu coração, e isso me bastava.

Além do amor de amigos e familiares, o que sempre me animou e me manteve viva e cheia de vida foi a esperança inspirada no grande amor que sinto por Deus. Sempre senti que Ele cuida de mim e me ama. Esta é outra dica que deixo: não importa a religião que você escolheu. Siga acreditando num amor que a humanidade não consiga explicar, num amor por Algo Maior que você ou que a enfermidade que está enfrentando. A sua fé e a sua conexão com o Todo representam metade ou mais do tratamento.

Mesmo lutando contra a terrível doença que é o câncer e as limitações que ela impõe, mesmo com a beleza que me foi roubada e nas fases mais difíceis em que eu sequer conseguia sair da cama, mesmo sem fôlego, força ou disposição física, nunca duvidei da presença divina ao meu lado.

Nunca duvidei de que Ele se compadecia de minhas dores e meus sofrimentos.

    Lembro-me de somente uma vez que fiquei "brigada" com Deus. Quando criança, senti que Ele permitiu que meu pai morresse queimado e que eu ficasse órfã de meu grande amor na Terra. Com o tempo e a maturidade, entendi que os assuntos divinos têm seus propósitos. Eu e Deus fizemos as pazes, afinal eu não poderia ficar sem o meu pai da Terra e também sem o meu Pai do céu.

    Em meu coraçãozinho de criança, pensava: "Para quem eu vou pedir a benção toda noite? Quem vai me proteger dos perigos da vida?"

    Encontrei a resposta assim que meu coração ficou em paz.

    Tempos depois, sempre que meditava sobre as metáforas da Bíblia, pensava como era bom acolher com amor aqueles que chegam, o que me remete a outra agradável lembrança que merece ser compartilhada nesta obra.

    Nos anos de 2008 e 2009, quase todos os sábados, Tião vinha à nossa casa. Era um homem negro, franzino, com os dentes falhados, mas dono de um sorriso contagiante. Com suas vestes sujas e rasgadas, estava sempre embriagado.

    Eu e João, meu esposo, sempre que possível, providenciávamos roupas e calçados. Tião almoçava conosco. Aliás, eu nunca soube se aquela refeição para ele significava um almoço ou a única refeição que faria durante toda a semana. Ouvíamos suas histórias sempre muito engraçadas, e depois, assim como surgia, do nada, ele seguia seu caminho.

    Tião costumava nos dizer que vinha aos sábados porque sabia que durante a semana eu trabalhava, João viajava e ele queria sempre encontrar nós dois em casa. Quando aparecia e meu esposo João não estava, Tião se recusava a entrar. Pedia seu prato de comida e alimentava-se no portão. Depois, devolvia o prato e seguia sua andarilha viagem, provavelmente sem destino certo.

Com o tempo, a saúde de Tião foi se debilitando. Passou a espaçar mais as suas visitas, até que veio a notícia. Tião falecera. Não mais veríamos o sorriso largo e sincero de poucos dentes. Não mais teríamos suas histórias engraçadas. Sinto saudades das boas conversas com Tião.

Analisando minha situação durante a enfermidade e a luta diária contra o câncer, percebi que nas fases mais debilitadas, enquanto muitos ficavam com receio de me visitar ou de incomodar minha possível recuperação, as visitas das pessoas mais carentes e necessitadas que passaram por minha vida eram constantes, pois elas não tinham receio. Visitavam-me com muita tranquilidade. Chegavam sem avisar e traziam alegria no coração. Demonstravam imenso amor por saber que eu estava viva. Era sempre muito emocionante recebê-las, e meu coração ficava muito agradecido pelas visitas com as quais aprendia muito e pelo carinho que renovava minhas forças.

Um dia Tião partiu. Noutro dia seria eu. A presença marcante de Tião nunca seria esquecida por mim e duvido que seria por João, meu amado. Com certeza, alguém também haverá de se lembrar do meu riso fácil e por isso terá valido tanta luta e tanto sofrimento.

Procure ao redor. Tenho certeza de que será fácil encontrar algum Tião nos arredores que precisa de algumas roupas limpas, de carinho, de amor, de um prato de comida e do único remédio que cura a solidão: sua preciosa companhia.

Que saibamos amar, perdoar e acolher aqueles que estão no mundo da exclusão. Que essas pessoas se sintam amadas, e não julgadas por nós; assim, podemos salvar vidas, levando amor por onde quer que passemos. Que o nosso modo de viver e de agir se inspire na caridade e no amor divino!

essa gestação tão linda por seus complicados aspectos. Ela seguiu, manteve-se firme com a gravidez, mesmo contra o desejo do médico e recebeu apoio de muita gente.

O bebê nasceria com seu tempo de vida previsto e determinado, mas eu pensava que seria uma criança como todas as outras; que merecia ser amada, vinda de uma gravidez desejada, curtida. Merecia enxoval, mesmo sabendo que teria pouco tempo de vida, mesmo que vivesse apenas 20 horas, e assim fizemos. Curtimos a gravidez, tiramos muitas fotos, montamos um pequeno enxoval, tudo com muito carinho para a menina que estava sendo gerada. Nessa época, minha vida era muito corrida, mas, entre o trabalho, a vida em comunidade, a faculdade e a família, sempre arrumava um tempinho para ir à casa dela e me acalentar naquele barrigão que crescia a cada dia.

No dia do parto, eu me fiz presente, cheguei ao hospital bem cedinho, às 6 horas, e foi muito bom. No retorno dela ao leito, um vislumbre de felicidade. Visitei na incubadora aquela criaturinha tão indefesa e, no momento em que chegou a notícia mais triste, de que o bebê parara de respirar, eu também estava lá.

No funeral, a triste cena de um pai carregando em seus braços o pequenino caixão que serviu de última morada para a passagem do bebê pela vida. Ela era um lindo presente divino para amar e aprender muito com aquela vida que parecia ter sido curta, mas que tanto ensinou sobre valorizar cada minuto. Em meu coração, aprendi a ter imensa admiração por Diana, que se tornou muito especial em minha vida.

Deixei o enterro muito cansada, mas ao mesmo tempo feliz pela postura da amiga que jamais desistiu. Ao chegar em casa, senti imensa falta de ar. Imaginei que fosse por

Amanhecer 16

A importância do carisma feminino

A importância do carisma feminino

Capítulo 16

O dia vai clareando com muitos pássaros cantando a anunciar que a vida é um grande presente. E como é maravilhoso saber que não estamos sós. Pessoas maravilhosas dividem a vida conosco, ajudam-nos, apoiam-nos e vivem em harmonia com nossos sonhos e ideais.

> No seio da família e no coração dos amigos reside parte do processo de restabelecimento das doenças, sejam graves, sejam simples.

Basta olhar para a história mundial para ver quanto as mulheres contribuíram para o anúncio de boas novas. De geração em geração, ainda hoje o número de mulheres dispostas a contribuir com um mundo melhor é consideravelmente grande.

Como é lindo ver o carinho, o amor que as mulheres dedicam a tudo que fazem. Elas são a primavera a embelezar as mais sérias instituições, carregam uma beleza constante, representam a força de um lar harmônico e exalam o agradável perfume do amor à família. Nas empresas, vemos um grande número de mulheres que desempenham suas funções com muito amor e dão vida ao ambiente profissional, que muitas vezes é pesado e cheio de pressão.

A vida me presenteou com muitas amizades em todas as etapas. Na infância, na juventude, no trabalho, na faculdade e na vida cristã da comunidade, só vi aumentar o número de grandes amigas, tanto em quantidade como em qualidade.

Agradeço pelas amigas enviadas para estar comigo, que me trouxeram Jesus, em oração, quando eu não tinha forças para ir até Ele. Essas amigas me enviam mensagens, me visitam ou telefonam para saber como estou. Como é bom sentir tamanho carinho. Minha gratidão àquelas que trabalham fora de casa, que têm a vida corrida, e ainda assim encontram um tempinho para falar um "oi". Quero creditar também um agradecimento às amigas da internet, muitas de outro estado, país ou continente, que pareciam tão longe geograficamente, mas bastava uns toques no teclado e já ficávamos uma ao lado da outra.

No ano de 2009, passei um longo período internada e, quando tive alta, ao retornar para casa, um grupo de amigas da comunidade se organizou para me visitar. Fizeram uma bela oração, uma roda de conversa cheia de boas lembranças, e partilhamos o lanche que trouxeram. Foi, sem dúvida, uma tarde muito abençoada. Essas mulheres, amigas e vizinhas de bairro, foram de grande fortalecimento para a minha capacidade de lutar contra o câncer.

E para evidenciar que esta obra não é somente um relato religioso que defende a comunidade que eu sempre frequentei, lembro-me de que, em setembro de 2011, fui convidada por Elizangela, uma amiga de trabalho muito querida, para um encontro entre mulheres realizado pela igreja de que ela participava, no qual teria uma palestra, e depois refletiriam sobre o meu testemunho de vida. Mesmo vivendo uma religião diferente, a fé nos reuniu por meio dos bons sentimentos e do bem-querer. Eu estava com dificuldade para falar, em razão do avanço da doença, então escrevi o texto, e outra pessoa ficou responsável pela leitura. Foi uma experiência interessante, e lá encontrei o acolhimento de todas as mulheres.

Solidarizar-se e trocar experiências inspiradoras é típico da natureza feminina e do nosso instinto maternal. Naquela ocasião muito especial, isso ficou ainda mais claro.

Lembre-se disto: se algum dia você estiver no leito de um hospital, seja a enfrentar um dissabor físico, seja para acompanhar um ente querido, e, de repente, surgir uma pessoa desconhecida a oferecer uma oração, seja qual for sua religião ou mesmo que o seu formato de fé seja totalmente diferente, aceite de coração a intenção positiva daquela criatura que foi até ali gratuitamente rezar por alguém que sequer conhece. Ao recusar esse carinho, embora seja um direito nosso, damos mais força para a doença, que se alimenta das diferenças no coração dos seres humanos.

Amanhecer 17

Ninguém é tão pobre que não tenha o que dar nem tão rico que não precise de ajuda

Um novo amanhecer na luta contra o câncer

Que o nosso coração seja paciente com as pessoas que vivem um comportamento imaturo. É importante tentar ajudá-las. Provavelmente não estão satisfeitas nem consigo, e se

Ninguém é tão pobre que não tenha o que dar nem tão rico que não precise de ajuda

Capítulo 17

Saudemos um novo amanhecer. Por causa do tratamento, sempre ia dormir com o corpo bem cansado, mas, quando o dia clareava, sentia o renascer da vida, da energia que vem de Deus, que ilumina todos os espaços da mente, do corpo e da alma. É maravilhoso sentir a vida vibrando e querendo ser vivida de modo intenso. Isso me faz bem, me faz feliz, me gera paz. Sem dúvida, vivenciei momentos de graça e só tenho a agradecer e desejar que a sagrada luz ilumine a vida e o pensamento de cada pessoa que convive comigo e de todos aqueles que procuram nesta obra uma palavra de conforto por quem conheceu a profundidade de muitas dores. Eu conheci essas dores, mas encontrei na luz do bom viver, instrumento fundamental para continuar lutando, e desejo que essa mesma luz habite e tome conta de seu coração!

> Amanhecer é um verdadeiro desabrochar do sono para apreciar a beleza da criação divina, que traz consigo o ar puro na alegria de existir.

Meditando, sinto que recebemos uma belíssima lição bíblica sobre o administrador desonesto. Este trecho menciona que não podemos servir a dois senhores, pois amaremos a um e desprezaremos o outro. Ninguém pode servir a Deus e ao dinheiro, e devemos fazer bom uso do segundo. Talvez seja por isso que muitos governantes se corrompem: deixam de servir à retidão da responsabilidade que lhes foi confiada para servir ao dinheiro.

Há quem gaste seu tempo e seu salário de modo descontrolado. Jovens que dizem precisar de roupas e acessórios novos a cada fim de semana. Muitos vão se transformando em escravos do dinheiro. Ficam endividados, estressados, e tudo vira uma bola de neve. Esses jovens servem o tempo todo ao dinheiro e não se dão conta disso. Acreditam mesmo que precisam comprar e comprar e, não raro, são incapazes de abrir mão de míseros 10 reais para o bem comum, para ajudar alguém ou para contribuir com as despesas na casa dos pais. A vida vai ganhando faces de "mundo particular", num completo egoísmo.

Devemos viver com respeito pelos bens materiais, fazer uso do dinheiro com sabedoria e criatividade. Quando vivemos o apego às possíveis "riquezas", enfraquecemos nossos relacionamentos. É maravilhoso saber partilhar, ato que nos aproxima das pessoas e gera afinidade, amizade, bem-querer; sentimentos que nos fazem muito bem, que dão vida. A cultura de partilhar evita que nos tornemos escravos do dinheiro, que façamos a opção pela felicidade temporária do consumismo desenfreado, pois não afeta apenas nosso bolso, mas toda a criação, todo o planeta e meio ambiente.

Ninguém é tão pobre que não tenha o que dar nem tão rico que não precise de ajuda

Com o consumismo desenfreado, passamos a obter além daquilo que nos é reservado e usurpamos o que seria destinado a nosso próximo das futuras gerações. Como é importante refletir o modo como vivemos, o amor próprio e o amor ao próximo. Cabe a nós refletir e colocar nosso talento à disposição do bem comum. Que os nossos administradores tenham consciência de suas ações com nosso país e governem com honestidade, visando o bem social. Que todos os corações desenfreados e norteados pelo consumismo exagerado encontrem equilíbrio. Que nossa mente se ilumine para a criatividade na administração de nossos bens.

Sempre desejei que o conjunto da fé que tenho e sinto não representasse apenas uma bela poesia para mim, mas que deixasse marcas, que transformasse minhas atitudes para o crescimento do amor ao próximo e, ao mesmo tempo, que me libertasse dos apegos materiais.

Houve uma ocasião marcante sobre esse assunto tão importante. Na reunião setorial da comunidade, surgiu uma discussão: deveríamos ou não parar com a partilha de alimentos nas celebrações comunitárias?

Alegava-se que algumas pessoas poderiam se ausentar caso não tivessem o que levar. Eu justificava que o sentido não era esse. Ninguém era obrigado a levar alimento. A partilha era sempre espontânea e exatamente por isso nunca faltava. Nesse momento, uma senhora muito humilde da comunidade levantou a mão e disse:

— Se a conversa é não ter o que levar, eu sou pobre, tenho meus netos para criar, mas sempre poderei levar um refrigerante, e acho que esse movimento não pode parar. Meus netos adoram o dia da partilha!

Todos silenciaram, e o assunto foi encerrado. Lembrei-me do pensamento de Dalai Lama que abriu este capítulo: "Ninguém é tão pobre que não tenha o que dar nem tão rico que não precise de ajuda".

Amanhecer 18

O poder conciliador e libertador da verdade

O poder conciliador e libertador da verdade

Capítulo 18

Um amanhecer cristalino. Como é bom receber a luz que ilumina a vida e os pensamentos. Que essa luz nos ilumine e permita a fundamental leveza de vida!

> Somos filhos da luz. Somos os raios da imensa luz divina. Portanto, não se pode escondê-la. Se permitirmos que a luz brilhe no meio em que vivemos, teremos luz para diminuir a escuridão na vida de quem sofre. Mas a luz só vai brilhar com o modo justo de pensar, agir e amar.

Se eu deixo de pensar no próximo, a própria vida será guiada pela escuridão do egoísmo. Ao deixar de agir, abafarei a luz e permitirei o assédio dessa escuridão. Por último, se deixar de amar os semelhantes e de nutrir o amor próprio, que sentido terá minha vida?

Houve um dia de escuridão e luz em minha vida, na

época da inocente infância. Meus irmãos Zé Aparecido, Zé Maria, Luisa, Zé Luiz e Zé Carlos construíram uma cabana debaixo do pé de manga. A cabana foi coberta e forrada por dentro com sapé, e, como as palhas estavam secando, tinha sempre algumas pontas que espetavam.

Todas as noites, nós nos reuníamos na cabana para conversas e brincadeiras. Meu irmão levava um isqueiro para queimar as pontas de palha que incomodavam. Por aqueles dias, era tempo da colheita de tomate. Meus irmãos saíam da escola, almoçavam e seguiam direto para ajudar meu pai na roça. Como eu tinha apenas 5 anos, ficava em casa com minha mãe. Numa dessas tardes, algo inusitado estava prestes a acontecer. Fiquei pensando o que poderia fazer para deixar nossa cabana linda.

Fui ao riacho. Consegui pegar alguns peixinhos e os coloquei num vidro. Colhi flores e montei uns vasinhos. Varri todo o chão da cabana com a imensa vassoura caseira feita de pé de alecrim, coloquei uns tapetes de retalho no chão. Pintei um desenho representando nós seis (os donos da cabana) e, com um arame, prendi a ilustração numa das paredes.

Pronto. A cabana estava linda. Por último, como tinha visto meu irmão fazer, resolvi queimar as palhas que estavam arrebitadas. Coloquei fogo, mas, pequenina que era, não alcancei as rebarbas para apagar. Peguei o tapete. Com toda a pouca força que tinha, bati do jeito que deu, mas o fogo se alastrou por toda parte. Socorri os peixinhos e saí correndo. Enrolei-me num colchonete de algodão que ficava embaixo da cama de meus pais e ali fiquei, bem quietinha, para ninguém me achar.

Meu coração ficou muito triste, assustado, com medo. Muitas coisas se passavam em minha cabeça. Pensava o

O poder conciliador e libertador da verdade

tempo todo em quanto meus irmãos ficariam tristes comigo por ter queimado nossa cabana tão linda.

Os gritos de minha mãe eram assustadores. Ela bradava que, quando eu aparecesse, apanharia muito. Ali, envolta pelo colchonete e "protegida" pela escuridão, quase nem respirava. Só rezava para que meu pai chegasse quanto antes.

Quando ele chegou, sabia exatamente onde eu estava. Trancou a porta do quarto, puxou o colchonete e me ajudou a sair. Então me abraçou e disse:

— Agora conta para mim o que foi que aconteceu...

Contei tudo em detalhes. Ele disse que não precisava ter medo, que eu não apanharia, que graças a Deus estava tudo bem comigo e que ficaria louco se algo me acontecesse. Não me queria mais escondida debaixo daquela cama, mas exigiu que eu contasse aos meus irmãos e à minha mãe o que tinha acontecido. Assim fiz. E como foi bom revelar o que de fato aconteceu. É a verdade que nos liberta do medo, das angústias e dos fantasmas que criamos em nossa mente, que nos permite paz na vida. Agradeço pelo tempo que convivi ao lado de meu pai, que partiu muito cedo, mas deixou grandes e inesquecíveis ensinamentos como esse, que traduz a paciência e o amor antes de quaisquer julgamentos.

No dia da queimada da cabana que ficava sob a mangueira, meu pai iluminou a vida da filha ao me acolher e permitir que dissesse a verdade. Não me julgou nem condenou, sabia que o julgamento era uma escuridão sem fim. Lembro-me com carinho e emoção desse dia. Sinto muita falta do abraço e do carinho dele, mas procuro senti-lo através do abraço das pessoas que estão ao meu lado e que por alguma situação sofrem por não enxergar a luz em algum momento de sua vida. Que a nossa existência seja iluminada pela verdade que liberta e nos leva à felicidade!

Amanhecer 19

O poder da família para sobrepor o ciúme em nome da harmonia social

O poder da família para sobrepor o ciúme em nome da harmonia social

Capítulo 19

Que alegria ter a oportunidade de viver mais um amanhecer. Nosso coração permanece aquecido para o encontro com a felicidade que esse novo dia proporciona.

A vida nos convida a colocar em prática os ensinamentos, mesmo que o preço seja abrir mão dos próprios interesses. A experiência que narrarei neste capítulo é um reflexo disso.

Houve um tempo em que atuei como líder na pastoral da criança. Minha filha Letícia era bem pequena. Ela alegava não gostar do dia que fazíamos a pesagem das crianças. Em comunidade, chamávamos esse dia de celebração da vida. Conversando com ela mais detalhadamente, percebi que na verdade sentia ciúme das outras crianças que me abraçavam, que queriam meu colo. Ela ainda reclamava que eu não conseguia lhe dar atenção por causa daquele "monte de crianças".

    Então expliquei a importância do dia do peso, no qual celebrávamos a vida, ocasião em que acompanhávamos a evolução daquelas crianças. Algumas estavam desnutridas, bem fraquinhas e precisavam de mais atenção. Outras não tinham uma família como a nossa, com a presença dos pais. Disse ainda que algumas daquelas crianças tinham os pais presos, outras tinham pais que não queriam morar com elas, pois já tinham formado outra família e, por fim, também havia crianças que tinham pais envolvidos com drogas, os quais não davam a atenção que elas mereciam; portanto, quando eu dava carinho e atenção para essas crianças órfãs de amor, era uma forma de tornar aquela pequena existência mais alegre, e isso não mudava em nada o meu amor por ela, minha filha.

    Eu não queria que Letícia ficasse com ciúme. Desejava que fosse amiga daquelas crianças, que, por sua vez, também queriam ser amigas dela. Eu contava com a preciosa ajuda dela para vivermos aquela missão, e assim ela me acompanhou por um bom tempo. Ao mesmo tempo, entrou na infância missionária e aos 10 anos já era líder e cuidava da evangelização de um grupo de crianças. Que bom foi o fato de ter entendido como é importante fazer parte da evolução das famílias!

    Eu sei que nem sempre é fácil abrir mão daquilo que queremos para fazer o certo, mas, no começo, podemos fazer isso como um exercício, logo mais, então, faremos por necessidade e, por fim, por puro amor.

    Que a nossa missão de família seja vivida com muito amor e, ao olhar para quem está em sofrimento, que possamos sempre nos perguntar o que fazer para contribuir com a vida de um semelhante. Sempre haverá alguém que precisa de um abraço e uma palavra de apoio.

Amanhecer 20

A beleza da simplicidade

A beleza da simplicidade

Capítulo 20

Quando um novo dia chega, podemos celebrar mais uma noite de existência que acaba de passar. É muito bom tomar aquele café da manhã para ganhar forças rumo ao novo dia, amar e conviver com as pessoas que estão ao nosso lado em nome do mesmo amor.

Na minha caminhada, tive a oportunidade de vivenciar várias experiências em missão e aprendi como é gratificante ter o acolhimento e conhecer a história das pessoas.

Durante alguns anos, acompanhei um grupo de jovens e sempre busquei orientá-los para uma caminhada de crescimento por meio da fé e do amor concreto ao próximo. Há algum tempo eu visitava famílias em assentamentos. Propus a esses jovens que saíssem um pouco da realidade urbana e visitassem conosco os assentamentos de famílias moradoras naquela região. Gostaram da ideia. Perguntaram-me se deveriam levar água, lanche. Eu disse que não precisávamos levar nada, apenas muita disposição e alegria para compartilhar com os semelhantes. Reunimos um grupo de dez pessoas e pegamos a estrada. Que maravilha ver a alegria e o ânimo característico dos jovens durante as celebrações. Em retribuição, o povo os recebia com muito carinho. Fomos ao encontro dos moradores daquela região, e todos nos acolheram muito bem. Chegamos à casa de dona Josefa, que preparou um almoço delicioso. Uma enorme bacia de salada acompanhada por arroz, feijão e abóbora refogada. Tudo respirava simplicidade e muito carinho.

Em volta da casa, podíamos apreciar os alimentos plantados para o consumo da família, além da pequena plantação de café que garantia renda para o sustento. Os jovens que me acompanhavam viram de perto a situação de famílias que um dia foram sem-terra e viveram muito tempo sob um teto de lona preta, antes do assentamento.

Aprenderam também que no Brasil 80% das terras pertencem aos grandes agricultores e 20% aos pequenos agricultores. Em contraponto, do alimento que chega a nossa mesa, 80% é advindo do pequeno produtor e apenas 20% vem do grande. O pequeno produtor tem realizado o milagre da multiplicação em terras tão pequenas, e, graças ao trabalho deles, temos alimento com fartura em nossa mesa.

Concluímos o dia e voltamos para casa. Foi uma experiência muito gratificante. Os jovens viram de perto uma realidade muito distante da que vivem. Saíram do conforto do lar com computador, internet e pegaram a estrada, engoliram poeira, animaram as celebrações e visitaram as famílias. Tudo com muita alegria. Por certo, esse dia ficou eternamente gravado em suas lembranças.

Com as limitações físicas e respiratórias que o câncer

impingiu, fiquei três anos ausente das visitas aos assentamentos. Senti muita saudade. Ao mesmo tempo, alegro-me de saber que o grupo de jovens já realizou novas missões em outros assentamentos, levando aos mais necessitados um pouco da boa nova e da alegria divina que vivenciam em comunidade. Sempre recebi notícias das famílias e algumas vezes até mesmo a visita dos amigos que fiz em assentamentos.

Quando descobri que estava com câncer, a cada retorno da doença, o que mais temia era ficar dependente das pessoas. Mas, conforme o tempo passava e a situação se agravava, aos poucos fui precisando aprender a lidar com isso. Fui perdendo a independência para dirigir e houve um período em que precisei de ajuda até mesmo para atividades simples, como os banhos, o preparo dos alimentos, a troca de roupas e calçados.

Chegou o momento da consciência, do novo despertar. Percebi que não era algo totalmente ruim. Eu tinha a chance de viver a experiência da humildade ao assumir que precisava de ajuda das pessoas. Com isso, eu me livrava do orgulho, da vaidade e dos medos, sentimentos que nada acrescentavam a minha vida. A verdade é que o apego, independentemente da natureza, só nos faz mal, e, quando nos livramos dele, conhecemos a nova realidade de vida. Amar e levar a boa nova é libertar-se do apego para ir ao encontro de quem precisa. Com o orgulho de lado, pude aproveitar melhor o tempo de vida ao lado de quem amo. Afinal, esse mesmo tempo poderia ter sido desperdiçado com as miudezas que moram na casa da vaidade. Esta é a dica que deixo para quem precisa enfrentar o câncer ou qualquer malignidade: seja numa experiência própria, seja como familiar de quem está sob condição de enfermidade, o bem mais precioso que se tem é o tempo. Em vez de preocupar-se com o fato de não conseguir trocar a própria roupa, preocupe-se em reunir alguma força nos braços para abraçar repetidamente quem você ama.

Amanhecer 21

Os soldados do amor
podem vencer os
soldados do câncer

Capítulo 21

Que alegria participar de mais um amanhecer e saudar o novo dia com o coração cheio de esperança. Mesmo que os nossos dias apresentem algumas dificuldades, é justo e positivo lembrar que se ganha uma vida nova a cada dia.

Infelizmente, ainda vemos muitas pessoas que vivem seus dias de modo confuso, fugindo dos problemas. Em todas as pastorais de que participei e nas palestras que realizei, sempre frisei que precisamos saber e respeitar o sentido de viver em comunidade. Caso contrário, diante do primeiro obstáculo, desistir parecerá a melhor opção.

Nesse ponto, peço apenas a licença de um parágrafo para relatar minha fé, combustível que alimentou a luta contra o câncer por tanto tempo. Tive a convicção de que o mestre Jesus esteve ao meu lado em todas as experiências adversas que vivenciei e perdi o medo do sofrimento. Perdi o medo da morte. Ficou apenas a certeza de que Deus é bom e quer o melhor para nós. E, se Ele é bom, a morte não pode ser algo ruim ou desproposital.

Na vida passei por diversas perdas e lidei com a partida repentina de pessoas muito queridas. A fragilidade da saúde sempre foi um problema, mas em nenhum momento me fez desistir. Mesmo triste, decepcionada, constantemente me perguntei: "O que Deus espera de mim neste momento?"

Entre tantas perdas nesta vida, certo dia eu rememorava como foi difícil a morte de meu sogro, João Mendonça. Foi no mês de agosto, em 2001. Eu estava em casa preparando o bolo para celebrar um ano de pastoral da criança. O telefone tocou e do outro lado da linha uma dolorosa notícia era anunciada. Enquanto trabalhava em sua mercearia, por um motivo banal, jovens drogados balearam e tiraram a vida de um homem honesto, trabalhador e pai de família que deixou muita saudade e fez muita falta em nosso cotidiano.

Meu sogro era uma pessoa muito conhecida e querida em nossa cidade. Após a fatalidade, o velório estava repleto, e a imprensa esteve presente. Entrevistaram meu esposo João:

— Qual sentimento fica agora, diante da violência que tirou a vida de seu pai?

João, com muita serenidade, respondeu:

— Precisamos olhar mais para os nossos jovens, cuidar da juventude que está se perdendo nas drogas e na violência!

Muitos ficaram surpresos com a resposta dele, mas essa é postura de alguém que tem muita intimidade com Deus. Vai sofrer a dor da perda como qualquer pessoa sofreria, mas pensará em uma solução futura para que a situação não se repita com seus semelhantes.

A primeira pessoa que chegou em casa foi minha amiga Silvana. Ao ver meu estado, ela não me deixou dirigir e levou-me até a Santa Casa, onde estava o corpo de meu sogro e a família de meu esposo. Tivemos grande apoio e precisamos dar muito apoio à minha sogra.

Quando estamos alicerçados em família e comunidade, superamos com maior facilidade os martírios da vida. Vi isso na profundidade do olhar de meu esposo João quando eu tinha crises de dor, falta de ar ou quando ficava debilitada dias, meses no hospital. O olhar dele dizia tudo. Sei que, se pudesse, me livraria de todo sofrimento, mas infelizmente João não tinha esse poder. O seu olhar de compaixão revelava o amor que temos e me dava forças para lutar mais um pouquinho por uma causa que vale a pena: um novo amanhecer.

Eis outra dica que deixo para você, que vivencia ou faz companhia a quem precisa encarar uma doença maligna: renove suas forças através do olhar e do carinho de quem o ama. O amor é uma fonte pura de motivação para que lute por sua existência a cada amanhecer.

> A luta é diária: os soldados do amor, batalhão formado pelo amor próprio e pelo amor dos que nos cercam, contra os soldados da enfermidade, batalhão que precisa de nosso desânimo para encontrar força.

Por quase 16 anos, eu venci esta batalha. Foram aproximadamente 5.800 dias de batalhas para ter o direito de contemplar mais um amanhecer ao lado de quem amo. Pode ter certeza de que o câncer enfrentou uma parada dura e a doença teve extrema dificuldade, pois eu não cedi e ninguém que encara uma enfermidade deve sucumbir sem antes travar grandes e memoráveis batalhas.

Vou revelar o motivo pelo qual esta obra tem final feliz. Ao trazer a público essas memórias, minha família fez o que sempre fizemos no amor do lar e da vida em comunidade: ajudou o próximo. Que as adversidades de minha vida sirvam como motivação para a solução dos problemas que você enfrenta!

Lembre-se de lutar por um novo amanhecer repleto de esperanças. Quando descobrir que venceu mais um dia, agradeça e comece a lutar pelo amanhecer seguinte...

Nota da família

No dia 18 de julho de 2014, Cidinha partiu, após cumprir sua missão e deixar maravilhosas lições de vida.

Cidinha realizou o sonho de ver os filhos crescidos e muitas vezes se esqueceu de que precisava de ajuda, pois estava ocupada demais ajudando tantas outras pessoas.

Quando tinha forças, Cidinha acessava sua rede social, postava como sentia o novo amanhecer e inspirava muita gente. Felizmente, o Facebook oferece o generoso recurso de manter a página "em memória".

Caso você queira conhecer ainda um pouco mais dessa guerreira, eis o link:
www.facebook.com/cidinha.mend

Antonia Braz

Adeus, Cidinha, e muito obrigado por tantas lições!

Sou consultor literário. Quando recebi o convite de transformar tantas ricas e nobres experiências acumuladas no diário de Cidinha Mendonça, me vi a questionar como poderia prestar apoio nesse projeto interessante. Na carreira, contabilizo muitas horas de investimento em arte textual, debruçado dias e noites sobre obras, transformando relatos em experiências adaptáveis à vida de todos. Entretanto, este livro apresentou uma notável e desafiadora peculiaridade. A autora é dotada de uma alegria à prova de adversidade. Mesmo na pior fase da doença com a qual travou o seu bom combate, esteve sempre disposta a contemplar o problema de um semelhante, a ajudar, a ouvir as dores das pessoas, ignorando as suas próprias.

Adotei o cuidado de manter os registros à luz da criação autoral e por essa razão mantive a narrativa em primeira pessoa, para que os leitores tenham o prazer de sentir o mesmo que eu ao lapidar esse conteúdo: a impressão de que Cidinha fala conosco, que dá uma aula de humildade, amor ao próximo, fé, esperança num novo amanhecer e admirável resiliência diante do assédio contínuo de uma doença oportunista.

Um novo amanhecer na luta contra o câncer

Tenho certeza de que aqueles que passaram pela vida de Cidinha ficarão felizes com esse legado. De certa maneira, senti sua presença marcante e viva ao meu lado enquanto esta obra era composta. Guardo no coração também a convicção de que estas páginas ajudarão muito os que precisam lidar com doenças oportunistas e a seus familiares, que também ficam debilitados quando uma enfermidade surge em um ente querido. Além disso, as pessoas que gozam de vigorosa saúde também terão a chance de aprender lições maravilhosas, pois o corpo de Cidinha pode ter adoecido, mas sua alma é inquestionavelmente saudável, generosa e altruísta.

Agradeço à família de Cidinha Mendonça, particularmente à sua irmã Antonia Braz, pela oportunidade ímpar e também registro minha gratidão à própria Cidinha, pois estivemos muito "próximos" e tornei-me um ser humano melhor após conhecer a história de tão nobre semelhante.

O registro da existência de pessoas como você, Cidinha, me faz acreditar cada vez mais que a humanidade pode se orgulhar e está repleta de grandes filhos.

Edilson Menezes
Consultor literário

Quem é nobre sabe se despedir

Um dia antes de você partir, foi a maior experiência que vivi. Ver você totalmente lúcida, despedindo-se de cada pessoa que foi ao hospital, foi muito forte, muita emoção. Eu tentava me colocar em seu lugar e pensar como seria partir, deixando aqui todos que amamos. Não deve ter sido nada fácil, mas você ainda sorria, mesmo com toda dor e sofrimento, e foi abençoando um por um, uma verdadeira guerreira!

Maria Luísa Braz
Irmã

A despedida que se sente

De certa forma, eu me despedi da querida Cidinha. Na véspera de sua morte, por volta das 23 horas, eu estava em oração quando de repente a senti no coração quase visível e palpável. Louvei muito a Deus, pois senti que naquele momento ela se despediu de mim. Muita saudade!

Norma Sueli Rocha
Amiga

Planos que excedem compreensão

Muitas saudades de minha amiga guerreira. O que consola meu coração é saber que Jesus veio buscá-la realmente. Sabemos que os planos de Deus para ela excediam nosso entendimento.

Débora Danila de Oliveira
Amiga

A extensão do amor

A sua presença entre nós foi uma extensão do amor, da bondade, da ternura e da misericórdia de Deus. Agora na eternidade. Saudades eternas!

Antonio Roberto Catarino
Amigo

A extensão do amor divino

Descanse em paz, minha linda flor. Foi uma honra saber um pouco da sua luta e trocar algumas palavras com você!

Bianca Prescovia
Amiga

A promessa

É, guerreira, você veio ao mundo como exemplo para todos. Mesmo com todas as suas dificuldades, nunca a vi murmurando, reclamando da vida ou se revoltando. Você foi uma fortaleza, Cidoca, e igual jamais conheci. Guardarei com amor todos os seus ensinamentos. Jamais vou esquecer que, um dia antes de você partir, me abençoou e pediu que eu cuidasse bem da Larissa, que ela estava em seu coração. Eu prometo a você que vou cuidar! Obrigada por tudo o que fez por mim, pela Lari e por nossa família. Guerreira, para sempre viverá em nosso coração... Te amamos!

Analea Braz
Familiar

Um legado sem pretensões

Eu convivi com Cidinha profissionalmente e, depois, como amigos que nos tornamos desde o início dessa luta. Posso testemunhar o desenvolvimento dela como ser humano que buscava a sabedoria para viver o que lhe estava destinado e fez disso um exemplo a ser seguido, demonstrando fé, amor e maturidade. Sem pretensões de virar um modelo, deixou um legado de que quem crê em Deus e vive uma vida com Ele passa por todos os obstáculos e circunstâncias da vida e alcança a vitória. Que possamos guardar o exemplo deixado por ela!

Micheias Rabelo
Amigo

Inspiração

Foi uma grande mulher. Conversávamos pelo Facebook até o dia em que ela não conseguiu mais digitar. Aprendi muito e também estou em tratamento de um câncer de mama.

Ivani Viveiro Gonçales
Amiga

A boa influência

Você mudou o meu modo de pensar e de agir. Fez-me melhor pessoa. Você é flor cujo perfume nunca se apagará. É presença doce que nos envolve sem precisar de matéria. Muito obrigada!

Jacqueline Heloise Deltrejo de Deus
Amiga

A madrinha de todos

Nunca conheci alguém com tantos afilhados como a senhora e o padrinho, mas também nunca conheci quem representasse tão bem a palavra "MADRINHA". Na verdade, era mais que isso, era praticamente uma fada madrinha e dona de palavras valiosas para as pessoas mais jovens ou mais velhas. É preciso muita sabedoria para isso. Também foi (e sempre será) a pessoa mais forte que já conheci.

Bruna Braz
Sobrinha

Irmão do coração

É tão estranho, os bons morrem jovens.
Assim parece ser quando me lembro de você
Que acabou indo embora, cedo demais.
Eu continuo aqui...
Meu trabalho e meus amigos
E me lembro de você
Dias assim, dias de chuva, dia de sol
E o que sinto não sei dizer
Vai com os anjos, vai em paz
Era assim todo dia de tarde
A descoberta da amizade, até a próxima vez
É tão estranho
Os bons morrem antes
E lembro de você e de tanta gente que se foi cedo demais
E cedo demais eu aprendi a ter tudo que sempre quis

Só não aprendi a perder.
E eu que tive um começo feliz
Do resto não sei dizer
Lembro das tardes que passamos juntos
Não é sempre mas eu sei
Que você está bem agora
Só que neste ano eu sei que o verão acabou
Cedo demais
Deus sabe o melhor, sempre...

Padre Marcelo Beraldo
Amigo irmão

A paz da partida

Um dia, ela disse: "O segredo da felicidade é a gratidão!", por isso começamos agradecendo as orações, a partilha da vida, os abraços, as palavras, toda a generosidade... Muito obrigado! Como forma de retribuição e também para que todos saibam e possam acalmar o coração, vamos contar como Deus cuidou de tudo caprichosamente. Desde quando descobrimos a metástase, ela nos preparou o tempo de sua partida, que encaramos de forma muito consciente pela fé. Depois de uma longa internação que durou cerca de um mês e meio, vivemos dias intensos de felicidade em família, com ela de volta à casa. Apesar de continuar a luta bravamente, estava muito vulnerável, com o corpo cansado, e foi internada de novo. Seria a última vez. Sempre muito calma, conversou com todos da família com muito amor. Era a despedida.
Na quinta-feira à noite, decidimos autorizar a sedação. Mesmo sob o efeito dos fortes medicamentos, ela resistiu firme, ainda que respirando com muita dificuldade. Não

Um novo amanhecer na luta contra o câncer

tenho dúvidas de que ela esperava que todos estivéssemos juntos, em família. Cheguei por volta de 11 horas de Rondonópolis, Mato Grosso. Como fomos informados de que a audição seria o último sentido que ela perderia, não perdemos tempo. Lemos o evangelho, como ela fazia todos os dias, mesmo quando não publicava na rede social, Mt 12,1-8. Refletimos rapidamente e fizemos um breve resgate da nossa história de vida. Comprometemo-nos a seguir o que ela ensinou: cuidar um do outro como família e nunca deixar de praticar a caridade, amar os irmãos da comunidade. Letícia foi a última pessoa a falar com ela, cantou a música "Mãezinha do céu" e por fim disse: "Eu te amo". Então começamos a conversar entre a gente. Deus nos deu o tempo necessário juntos... Aproximadamente uma hora depois, percebemos que o intervalo da respiração começou a aumentar cada vez mais. E de forma muito tranquila, ela foi deixando de respirar, até que partiu, como alguém que simplesmente adormece. Estávamos nós quatro no quarto do hospital, olhamos um para o rosto do outro e tivemos a certeza de que era como se ela dissesse: "Fiquem unidos para sempre, cuidem um do outro". Deus atendeu a todos os nossos pedidos: que a passagem dela fosse sem sofrimento. Nós, família cristã, acreditamos que ela vive! Sim, ela vive, agora com o nosso bom Deus. Amigos, não há motivos para tristeza. Deus foi muito generoso conosco. Tivemos uma vida feliz com ela. O que fica é a saudade até o dia do nosso alegre reencontro. Estamos com a mesma paz que ela encontrou quando foi morar com o Pai.

Wesley Mendonça
Enteado, filho do coração

Antonia Braz

****

A Cidinha foi como uma segunda mãe. Foi ela quem cuidou de mim quando vim do Japão, ainda criança. Graças a ela e seu esposo (que eu também considero como um pai), tive uma infância maravilhosa e tive meu caráter moldado por seus ensinamentos. Ela foi uma guerreira que, mesmo limitada pela doença, conseguia trazer um sorriso ao rosto de todos. Sou extremamente grato por ela ter feito parte da minha vida. Espero que todos aqueles que lerem este livro possam tirar muitas lições de vida e ensinamentos por meio das histórias dessa mulher incrível que foi a minha madrinha.

Roberto Takeshi Braz Sato
Sobrinho, filho do coração

A gratidão traduzida por amor

Durante os 19 anos em que tive a oportunidade de conviver com minha mãe, sempre me senti muito privilegiada por ter alguém tão especial ao meu lado. Uma mulher de muita fé que emanava força e serenidade por onde passava. Sua maneira sábia de lidar com as dificuldades e as limitações da doença sempre fez com que o fardo parecesse mais leve. Hoje, não consigo mensurar o tamanho da minha gratidão pela pessoa que me tornei graças a todos os ensinamentos deixados por sua breve passagem terrena. Espero que o livro alcance a finalidade de compartilhar essa sabedoria com outras pessoas, dando continuidade à missão dela.

Letícia Mendonça
Filha

O pilar

Agradeço a Deus pela graça e pelo privilégio de ter construído uma vida conjugal durante 25 anos ao lado da Cidinha, a quem amei muito e por quem fui amado, um presente de Deus. Foi através do sacramento do matrimônio que aprendi a valorizar cada segundo da vida, a nunca reclamar diante das dificuldades e sempre agradecer a Deus. Foi ao lado de minha esposa que também construí uma família, que pude me edificar como homem, pois hoje ela significa o meu pilar.

João Mendonça
Esposo

Antonia Braz

Em memória

Sobre a autora

Antonia Braz é *Coach* em concursos e provas. Palestrante, escritora e presidente do Instituto AGC. *Master* em Programação Neurolinguística. Pós-graduada em Psicopedagogia, Neuropsicopedagogia e graduada em Pedagogia. Coautora dos livros *Damas de ouro* e *A arte da guerra* pela Literare Books International; *Programados para vencer em coaching* e a *Arte de tirar o máximo do mínimo* pela editora Kelps. Recebeu o prêmio da BRASLÍDER – Associação Brasileira de Liderança como palestrante de 2014. Colunista na Revista Atitude Empreendedora. Criadora do Método Aprovação Rápida para concursos e provas. Foi avaliadora do Prêmio ITAÚ-UNICEF em 2013.

Contatos
www.antoniabraz.com.br
contato@antoniabraz.com.br
(18) 3223-9880 / (18) 99771-3959